Deutsch als Fremdsprache

Wiebke Heuer
Edith Schober
Kristine Dahmen
Raffaella Pepe

Schritte plus im Beruf 2 – 6

Aktuelle Lesetexte aus Wirtschaft und Beruf

Hueber Verlag

Das Werk und seine Teile sind urheberrechtlich geschützt.
Jede Verwertung in anderen als den gesetzlich zugelassenen
Fällen bedarf deshalb der vorherigen schriftlichen
Einwilligung des Verlags.

Hinweis zu § 52a UrhG: Weder das Werk noch seine Teile dürfen ohne
eine solche Einwilligung überspielt, gespeichert und in ein Netzwerk
eingespielt werden. Dies gilt auch für Intranets von Firmen und von Schulen
und sonstigen Bildungseinrichtungen.

3. 2. 1.	Die letzten Ziffern
2013 12 11 10 09	bezeichnen Zahl und Jahr des Druckes.

Alle Drucke dieser Auflage können, da unverändert,
nebeneinander benutzt werden.
1. Auflage
© 2009 Hueber Verlag, 85737 Ismaning, Deutschland
Verlagsredaktion: Valeska Hagner, Hueber Verlag, Ismaning
Herstellung: Astrid Hansen, Hueber Verlag, Ismaning
Satz: Birgit Winter, Seefeld
Umschlaggestaltung: Astrid Hansen, Hueber Verlag, Ismaning
Umschlagfotos: Frau links: © panthermedia.net/Werner Heiber;
junger Mann: © Alan Abraham/Corbis; Afrikanerin: © getty images/Blend Images
Druck und Bindung: APPL, aprinta druck, Wemding
Printed in Germany
ISBN 978-3-19-551704-1

Schritte plus im Beruf

Inhalt

Schritte plus 2

Rauchverbot in Restaurants – was bedeutet das für die Tabakindustrie?	4
Bergkäse oder Schafmilch-Joghurt: Wie Schweizer Bauern ihr Geld verdienen	6
Mehr Konkurrenz: Apotheken müssen besser werden	8
Drei Berufe kurz vorgestellt: Wer macht was, wo und womit?	10

Schritte plus 3

Mehr Krippenplätze – mehr berufstätige Frauen?!	13
Thema *Mindestlohn*	16
Schnitzel aus dem Toaster: Wie Essgewohnheiten sich ändern	18
Warum Großraumbüros und Kaffeeküchen für die Arbeit wichtig sind	20

Schritte plus 4

Klimawandel – Autowandel	22
Die Zukunft liegt bei 50 plus	25
Auf leisen Rädern in die weite Welt	27
Mal schnell kurz weg – Städtereisen beliebt wie noch nie	29

Schritte plus 5

Eine Stelle finden, aber wie?	31
Der (richtige?) Weg in die Selbstständigkeit	33
Auf Umwegen zum Ziel: Hilft ein Praktikum, eine Stelle zu finden?	36
Das starke Geschlecht? Warum Männer kürzer leben als Frauen	39

Schritte plus 6

Leistungsbereit und belastbar: Was bedeuten diese Wörter in Stellenanzeigen eigentlich?	42
Aufschwung oder Abschwung: Fachkräfte werden immer gesucht	46
Immer mehr Firmen helfen bei der Lösung sozialer Probleme	48
Je bunter, desto besser Mehr Chancen durch *Diversity Management*	51

Lösungen   54

Schritte plus im Beruf — Niveau A1/2

Rauchverbot in Restaurants – was bedeutet das für die Tabakindustrie?

1 Raucher oder Nichtraucher?

a Machen Sie eine Statistik: Wie viele Raucher gibt es im Kurs? Wie viele Nichtraucher?

b Erzählen Sie. Verwenden Sie die Redemittel unten.

> Ich rauche selten / manchmal / regelmäßig / stark / nur passiv.
> Ich habe noch nie geraucht.
> Ich rauche seit ... Jahren / ... Zigaretten pro Tag.
> Ich rauche vor allem am Abend / in der Arbeit / zu Hause / im Café oder im Restaurant.

2 Sehen Sie die Fotos an. Ergänzen Sie die Wörter.

| der Aschenbecher • das Feuerzeug • die Werbung • die Zigarettenmarke |

© Interfoto/Pulfer

© panthermedia / Dieter B.

© Irisblende

3 Lesen Sie den Text. Kreuzen Sie an: richtig oder falsch?

 Rauchverbot in Restaurants – was bedeutet das für die Tabakindustrie?

In Deutschland raucht jeder dritte Erwachsene und jeder fünfte Jugendliche. Es gibt hier also viele Raucher. Auch in Österreich und in der Schweiz ist das so. Leider. Denn man weiß: Rauchen ist ungesund. Raucher und Passivraucher werden oft krank und Kranksein kostet viel Geld.

5 Auf Bahnhöfen, Flughäfen und Behörden, in Schulen und Krankenhäusern war das Rauchen deshalb schon seit einiger Zeit verboten. Nun hat man in den deutschsprachigen Ländern aber noch mehr getan: Jetzt ist das Rauchen auch in Restaurants verboten. Das bedeutet: Raucher müssen auf die Straße gehen und dort rauchen. Das ist ungemütlich[1], denn da ist es oft nass und kalt. Die Tabakindustrie aber hat schon eine passende Antwort gefunden: Sie bietet eine neue Zigarette an: den *Nikotin-Espresso*, eine Zigarette für das schnelle Rauchen: Sie ist kurz und dick und mit viel Nikotin.

1 ungemütlich: Es regnet und ist kalt – das Wetter ist ungemütlich. Der Stuhl ist hart: Man sitzt nicht gut. Er ist ungemütlich.

Schritte plus im Beruf

Niveau A1/2

Rauchverbot in Restaurants – was bedeutet das für die Tabakindustrie?

10 In manchen Regionen ist das Rauchverbot in Restaurants nicht ganz so streng[2]: In großen Restaurants mit mehreren Räumen gibt es zum Beispiel Extra-Räume für Raucher. Damit hat die Tabakindustrie kein Problem, denn sie kann diese Raucher-Räume gestalten[3]. Mit Aschenbechern, Feuerzeugen, Lampen, Plakaten und dem Farbdesign kann man für eine Zigarettenmarke viel Werbung machen.

15 Das Rauchverbot in Restaurants ist vor allem für die Nichtraucher gut. Aber auch – und das ist interessant – für die Tabakindustrie: Sie kann ihren Kunden neue Produkte anbieten und in Raucherräumen weiter gut Werbung machen. Und das ist wichtig für die Tabakkonzerne, denn seit einigen Jahren ist Werbung für Zigaretten im Radio und Fernsehen, in Zeitungen und – bis 18 Uhr – auch in Kinos verboten.

2 *Das Rauchverbot ist nicht ganz so streng.* Das bedeutet: Man darf schon noch rauchen.
3 *gestalten, hat gestaltet:* einrichten und dekorieren

		richtig	falsch
a	In Österreich und in der Schweiz rauchen nicht so viele Menschen.	☐	☐
b	Man darf im Rathaus nicht rauchen.	☐	☐
c	Ein Nikotin-Espresso ist ein Kaffee und eine Zigarette.	☐	☐
d	Die Tabakindustrie findet das Rauchverbot nicht schlecht.	☐	☐
e	Raucher müssen jetzt schnell viel rauchen.	☐	☐
f	Raucher-Räume sind gut für Zigarettenwerbung.	☐	☐
g	Im Kino darf man ab 18 Uhr rauchen.	☐	☐

4 Was steht im Text? Antworten Sie.

a Wie viele Erwachsene und wie viele Jugendliche rauchen in Deutschland?
b Welches Problem haben Raucher und Passivraucher?
c Wo darf man nicht rauchen?
d Wo darf man rauchen?
e Wie kann die Tabakindustrie in Restaurants Werbung machen?
f Wo darf die Tabakindustrie keine Werbung mehr machen?

Schritte plus im Beruf

Niveau A1/2

Bergkäse oder Schafmilch-Joghurt: Wie Schweizer Bauern ihr Geld verdienen

1 Sehen Sie die Fotos an und ergänzen Sie die Wörter.

> der Bauernhof, ⸚e • der Berg, -e • die Kuh, ⸚e • die Bäuerin, -nen / der Bauer, -n
> (die Landwirtin, -nen / der Landwirt, -e)

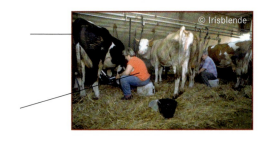

a Welche Lebensmittel produzieren die Bauern? Sammeln Sie.

Lebensmittel/Produkte vom Bauernhof

b Kreuzen Sie an: Produkte mit diesem Symbol 🌿 sind

☐ vegetarisch. ☐ typisch schweizerisch. ☐ biologisch.

c Wie heißen diese Tiere? Ordnen Sie zu.

> der Bison • der Büffel • das Lama • das Schaf • ~~der Strauß~~

der Strauß

Schritte plus im Beruf

Niveau A1/2

Bergkäse oder Schafmilch-Joghurt: Wie Schweizer Bauern ihr Geld verdienen

2 Lesen Sie den Text. Welche Überschrift passt? Ergänzen Sie.

Neue Farben, neue Fleischsorten
Regional und/oder international

Bio ist beliebt
Viel Arbeit, wenig Lohn

Bergkäse oder Schafmilch-Joghurt: Wie Schweizer Bauern ihr Geld verdienen

_____

Für Bauern ist das Leben nicht einfach: Die Arbeit auf dem Bauernhof ist schwer und der Verdienst ist nicht gut. Besonders in der Schweiz ist die Situation für die Bauern schwierig: Denn dort sind die Preise für Maschinen und Geräte und für das Tierfutter[1] hoch und die Konkurrenz[2] ist groß: Bauern aus anderen europäischen Ländern können oft mehr produzieren und ihre Produkte billig verkaufen.

_____

Das können Schweizer Bauern mit ihren kleinen Höfen nicht. Sie brauchen also besonders gute Produkte. Und so stellen viele Schweizer Bauern jetzt Berg- und Bioprodukte her: Bergkäse, Bergmilch, Bergjoghurt und Bergbutter, aber auch Bio-Obst, Bio-Gemüse und Bio-Fleisch. Das Konzept funktioniert: Schon jetzt gibt es einen großen Markt für Bio-Produkte, und dieser Markt wächst[3]: Denn immer mehr Menschen in der Schweiz und in anderen EU[4]-Ländern finden gesundes Essen und einen gesunden Lebensstil sehr wichtig.

_____

Doch nicht alle Schweizer Landwirte leben von Bio- und Bergprodukten. Viele verdienen ihr Geld auch anders: Sie züchten[5] und verkaufen ganz neue Produkte: Beim Gemüse und beim Obst sind das zum Beispiel rote oder blaue Kartoffeln, gelbe Tomaten oder weiße Erdbeeren. Bei den Milchprodukten sind Joghurt aus Schafmilch und Büffelkäse relativ neu im Angebot. Und beim Fleisch kann man Büffel-Bratwurst und Fleisch von Straußen, Lamas oder Bisons probieren.

_____

Ein Ziel[6], zwei Wege: Die Schweizer Bauern wollen Bauern bleiben und dabei Geld verdienen, also finanziell überleben. Die einen tun das mit neuen, regionalen[7] Lebensmitteln, die anderen mit neuen, internationalen Produkten.

(Quelle: www.swissworld.org)

---

1 Tierfutter das: Essen für Tiere (Hunde, Katzen, Hasen, Kühe, ...)
2 Konkurrenz die: Jeder möchte besser sein, jeder möchte mehr haben, mehr verkaufen, mehr Geld verdienen.
3 wachsen, ist gewachsen: mehr (oder größer) werden
4 EU die: die Europäische Union
5 züchten, hat gezüchtet: Tiere oder Pflanzen „produzieren"
6 Ziel das, -e: Zum Beispiel: Ich möchte Deutsch lernen. Das bedeutet: Ich habe einen Wunsch bzw. ein Ziel.
7 regional: Etwas kommt aus einer bestimmten Region.

3 Lesen Sie den Text noch einmal und beantworten Sie die Fragen.

a Warum ist das Leben für die Schweizer Bauern nicht einfach?

b Welche neuen Produkte stellen die Schweizer Bauern her?

c Warum essen viele Menschen Bio-Produkte?

d Finden Sie Beispiele für heimische und internationale Produkte.

Schritte plus im Beruf

Niveau A1/2

Mehr Konkurrenz: Apotheken müssen besser werden

1 Wo kaufen Sie das? Sprechen Sie im Kurs. Die Redemittel unten helfen Ihnen dabei.

Schmerztabletten • Kosmetik • Bier • Tee • eine Sonnenbrille • Haarpflege-Produkte

in der Apotheke • in der Drogerie • im Internet
in einem Fachgeschäft • im Supermarkt

... kaufe ich gern / lieber / am liebsten ... .
... kaufe ich immer ... .
... kauft man am besten ... .

2 Lesen Sie den Text. Ordnen Sie dann zu: Was passt?

Das Internet: Apotheken bekommen Konkurrenz
Schon seit ein paar Jahren kann man viele Medikamente im Internet bestellen. Auch Veronika Schmitz kauft ihre Tabletten online: „In der Apotheke kosten die Tabletten mehr, also bestelle ich sie lieber im Internet. Außerdem muss ich dann nicht aus dem Haus gehen, die Medikamente kommen ja mit der Post zu mir nach Hause. Das finde ich sehr praktisch."

Medikamente auch im Supermarkt?
Früher konnte man Medikamente nur in Apotheken bekommen, heute ist das anders: Tabletten, Salben, Säfte und andere Arzneien¹ gibt es bei Versandapotheken im Internet, an manchen Orten schon in Drogerien und bald vielleicht auch in Supermärkten. Für die Apotheken ist das nicht besonders gut: Sie verlieren in Zukunft vielleicht viele Kunden.

Der Service und das Angebot werden besser
Die Kunden aber können zufrieden sein. Denn „Kunden halten" bedeutet für die Apotheken: den Service verbessern und den Kunden mehr bieten. Inzwischen können diese also auch dort ihre Medikamente online bestellen und die Medizin dann in einer Apotheke in der Nähe abholen oder nach Hause gebracht bekommen. Außerdem gibt es in manchen Apotheken jetzt auch neue Produkte, zum Beispiel Bier oder Reisen: Denn mehr Angebote, so hoffen die Apotheker, bringen auch mehr Kunden.

„Moderne" Apotheken: auch billig und bequem
Einige Apotheker wollen Kunden anders in ihr Geschäft „locken"²: Bei ihnen gibt es jetzt einen zweiten Raum für Sonderangebote. Dort sind die Preise für die Medikamente niedrig und deshalb für viele Leute interessant. Andere Apotheker haben an ihren Laden einen Außenschalter „angebaut". „Drive-in-Apotheke" nennt man das dann und gerade Kunden über 65 sind glücklich. Zum Beispiel Karol Gusinda: „Eine tolle Idee – diese Drive-in-Apotheken! Ich muss keinen Parkplatz mehr suchen, denn ich kann ja mit meinem Auto ganz nah an den Schalter fahren. Im Sitzen kaufe ich dann meine Medikamente. Ist das nicht praktisch – besonders bei Regen oder Schnee? Außerdem hört keiner, welche Mittel ich beim Apotheker bestelle. Das gefällt mir."

Die neuen Zentren für Gesundheit
Manche Apotheken haben ein ganz neues Konzept, zum Beispiel die Apotheke in Aspern, einem kleinen Ort bei Wien: Die Apotheke dort ist keine Apotheke mehr, sie ist ein Gesundheitszentrum: Beratung³, Information und Gespräche rund um die Themen Gesundheit und Krankheit, Essen und Schönheit sind hier ganz wichtig. Außerdem dürfen die Kunden bei der Herstellung⁴ von Salben und Tinkturen⁵ zusehen. Und auf dem Dach gibt es einen Garten: Dort wachsen Heilpflanzen und Heilkräuter⁶. Kunden, aber auch Schulklassen können hier lernen, welche Pflanze oder welches Kraut bei welcher Krankheit hilft. „Das ist keine Apotheke mehr, das ist ein Erlebnis", sagt eine Kundin ganz glücklich.

---

1 Arznei die, -en: Medizin, Medikamente, auch: Arzneimittel
2 locken, hat gelockt: hier: holen
3 Beratung die: jemanden beraten, einer Person sagen, was gut ist und was nicht so gut ist
4 Herstellung die: die Produktion
5 Tinktur die, -en: Arznei, meist auf pflanzlicher Basis
6 Heilpflanze die, -n und Heilkraut das, ⸚er: Heilpflanzen und -kräuter sind Pflanzen bzw. Kräuter. Sie helfen bei Krankheiten, heilen diese also.

(Quellen: Akzente aktuell 4/2005: Heikles und Eiliges lieber am Außenschalter; www.aponet.de, www.wdr.de, www.manager-magazin.de, www.sueddeutsche.de, www.best-practice-business.de, www.diepresse.com)

Schritte plus im Beruf   Niveau A1/2

Mehr Konkurrenz: Apotheken müssen besser werden

a Viele Menschen kaufen Medikamente bei Apotheken im Internet,

b Versandapotheken schicken die Medikamente nach Hause.

c Auch Drogerien und Supermärkte

d Die Apotheken wollen keine Kunden verlieren.

e Medikamente kaufen und im Auto sitzen bleiben?

f Manche Apotheken verkaufen nicht nur Medikamente.

1 Deshalb verbessern sie ihr Angebot und ihren Service.

2 denn dort müssen sie oft nicht so viel bezahlen.

3 Sie informieren, beraten und zeigen auch, wie man Medikamente macht bzw. welche Pflanzen bei welchen Krankheiten helfen.

4 möchten in das Geschäft mit den Medikamenten einsteigen.

5 Viele Kunden finden das praktisch, denn dann müssen sie nicht zur Apotheke gehen.

6 Bei Apotheken mit Außenschalter bzw. „Drive-in-Apotheken" ist das möglich.

a	b	c	d	e	f

3 Warum ist das für die Kunden gut? Lesen Sie den Text noch einmal und ergänzen Sie.

Bei allen / vielen / einigen / manchen Apotheken können Kunden ...	Für die Kunden ist das gut, denn ...
a Medikamente online bestellen.	*sie müssen dann nicht aus dem Haus gehen.*
b in einem Extra-Raum auch Sonderangebote finden.	
c Medikamente am Außenschalter kaufen.	
d bei der Produktion von Medikamenten zusehen.	
e vom Apotheker Gesundheits-Tipps bekommen.	

4 Was ist richtig? Wissen Sie es? Arbeiten Sie mit Ihrer Partnerin / Ihrem Partner und kreuzen Sie an.

a Das Wort „Apotheke" kommt aus ☐ Ägypten ☐ Griechenland.
b In Deutschland gibt es ungefähr ☐ 2100 Apotheken ☐ 21000 Apotheken.
c Das bedeutet: Für ☐ ca. 350 Einwohner ☐ ca. 3500 Einwohner gibt es eine Apotheke.
d In Europa hat im Jahr ☐ 1241 (zwölfhunderteinundvierzig) ☐ 1841 (achtzehnhunderteinundvierzig) die erste Apotheke aufgemacht.
e Das war in ☐ Trier ☐ Bern.

Schritte plus im Beruf

Niveau A1/2

Drei Berufe kurz vorgestellt: Wer macht was, wo und womit?

1 Sehen Sie die Fotos an und sammeln Sie Wörter zu den drei Arbeitsplätzen.
(Backstube, Reisebüro und Lkw)

heiß

Brötchen

backen

die Bäckerei

2 Lesen Sie die Texte und ergänzen Sie die Tabelle. Besprechen Sie die Ergebnisse im Kurs.

> **Tipp:** Sie müssen in den Texten nicht jedes Wort verstehen. Sie sollen nur die Antworten auf die vier Fragen in der Tabelle finden.

Bäcker/-in

Bäcker backen Brot, Brötchen, Kuchen und Torten, stellen Süßwaren und Speiseeis her und verkaufen manchmal ihre Waren auch selbst. Sie arbeiten mit verschiedenen Lebensmitteln: mit Salz und Zucker, Mehl und Eiern, Milchprodukten und Kakao. Für ihre Arbeit brauchen Bäcker natürlich auch Geräte und Maschinen: Waagen und Rührmaschinen zum Beispiel. Diese müssen sie pflegen und sauber machen.

Bäcker müssen sehr früh aufstehen, am Wochenende arbeiten und viel stehen. Sie können sich auch leicht wehtun, denn viele Sachen sind sehr heiß: der Backofen, die Backbleche und die Backwaren[1]. Bäcker sollten also robust[2] und vorsichtig sein. Außerdem müssen sie gute Ideen haben und kreativ sein, denn die Waren sollen schön aussehen. Schließlich isst das Auge mit!

Reiseverkehrskauffrau/-kaufmann

Reiseverkehrskaufleute organisieren und verkaufen Reisen. Im Reisebüro informieren sie Kunden über Reiseziele und geben ihnen Ratschläge: Wo kann man schön Urlaub machen, mit welchem Verkehrsmittel (Auto, Bus, Bahn oder Flugzeug) kommt man am besten dorthin, welche Hotels oder andere Unterkünfte gibt es am Urlaubsort und wie viel kosten diese? Sind dort überhaupt noch Zimmer frei? Das alles müssen Reiseverkehrskaufleute wissen und den Kunden sagen. Wichtig ist für sie also: offen, freundlich und hilfsbereit sein und gut mit Zahlen und Preisen umgehen können.

Im Reisebüro telefoniert man oft und arbeitet viel mit Prospekten und Katalogen. Ein wichtiges Arbeitsmittel ist natürlich auch der Computer: Denn im Internet und per E-Mail bekommt man schnell viele Informationen und Kontakte weltweit.

---
1 Backwaren die (Pl.): Das sind die Produkte, also das Brot, das Brötchen, der Kuchen etc..
2 robust sein: hier: stark sein

Schritte plus im Beruf

Niveau A1/2

Drei Berufe kurz vorgestellt: Wer macht was, wo und womit?

Berufskraftfahrer/-in

Berufskraftfahrer sind immer unterwegs: In Linien- oder Reisebussen fahren sie Kinder zur Schule, Erwachsene zur Arbeit oder in die Stadt und Reisende an den Urlaubsort. Sie halten an Haltestellen und lassen dort Fahrgäste aussteigen und neue Fahrgäste einsteigen. Busfahrer verkaufen und kontrollieren Fahrkarten und geben Gästen Auskunft: Wie kommt man am besten von da nach dort? Wann fährt der nächste Bus von A nach B? Wie viel kostet das? Wo ist Platz für Koffer und anderes Gepäck?

Berufskraftfahrer für Lkws befördern[3] keine Leute. Sie transportieren Güter und Produkte und fahren diese oft von einem Land in ein anderes Land. Deshalb müssen sie auch Schreibarbeiten erledigen, an der Grenze Zollformulare ausfüllen und die Verkehrsregeln und -zeichen im Ausland kennen. Bei Problemen mit dem Fahrzeug müssen Berufskraftfahrer manchmal auch kleine Reparaturen selbst machen.

Berufskraftfahrer sitzen viele Stunden in der Fahrerkabine hinter dem Steuer und sind auch oft nachts unterwegs. Sie müssen sehr vorsichtig sein und gut aufpassen, denn auf den Straßen können leicht Unfälle passieren. Berufskraftfahrer sollten aber auch pünktlich und zuverlässig sein und Termine einhalten: Denn Personen und Produkte müssen zu einer bestimmten Zeit an einem bestimmten Ort ankommen oder wieder abfahren.

---
3 befördern, hat befördert: hier: eine Person oder eine Sache mit einem Fahrzeug bringen, fahren, transportieren

	Was machen ...? (= Tätigkeiten)	Wo arbeiten ...? (= Arbeitsplatz)	Womit arbeiten ...? (= Arbeitsmittel)	Wie müssen ... sein? / Was müssen ... können? (= Eigenschaften / Fähigkeiten)
Bäcker	backen, Süßwaren und Eis herstellen, verkaufen, Maschinen und Geräte pflegen und sauber machen			
Reiseverkehrs-kaufleute		in Reisebüros		
Berufskraftfahrer			mit Fahrzeugen, Gütern und Produkten	

Schritte plus im Beruf

Niveau A1/2

Drei Berufe kurz vorgestellt: Wer macht was, wo und womit?

3 Was sind Sie von Beruf oder was möchten Sie werden? Machen Sie Notizen und stellen Sie Ihren (Wunsch-)Beruf vor. Die Redemittel helfen Ihnen dabei.

Ihr Beruf:	Was machen Sie?	Wo arbeiten Sie?	Womit arbeiten Sie?	Wie müssen Sie sein?	Was müssen Sie können?

Seinen Beruf nennen:
Ich arbeite als ... . / Ich möchte als ... arbeiten.
Ich bin ... von Beruf. / Ich möchte ... werden.

Den Arbeitsplatz nennen:
Als ... arbeitet man in einem / einer / in ... .
Ich möchte später am liebsten in einem / in einer / in ... arbeiten.

Über die Arbeitsmittel sprechen:
Ich arbeite vor allem mit dem Computer / mit ... .
Für meine / diese Arbeit ist / sind ... wichtig.
Ich brauche für meine / diese Arbeit ... .

Die Tätigkeiten beschreiben:
... haben folgende Aufgaben: ... .
... machen Folgendes: ... .
Als ... hat man folgende Aufgaben: ... .
Als ... macht man Folgendes: ... .
Ich muss vor allem ... .

Über wichtige Eigenschaften und Kenntnisse sprechen:
Als ... muss man vor allem ... sein.
Als ... sollte man vor allem ... sein.

Als ... muss man ... können.
Als ... sollte man gut ... können.

Schritte plus im Beruf

Niveau A2/1

Mehr Krippenplätze, mehr berufstätige Frauen?!

1 Lesen Sie die Überschriften und dann den Text. Ergänzen Sie zu jedem Textabschnitt die passende Überschrift.

> Pläne für mehr Kinderbetreuung¹ • Die Gewinner: familienfreundliche² Firmen
> Gute Ausbildung, einfache Teilzeit-Tätigkeiten • Kinder verändern die Karriere

Mehr Krippenplätze³, mehr berufstätige Frauen?!

Noch nie waren Frauen so gut ausgebildet wie heute: Sechs von zehn Hochschulabsolventen sind Frauen. Erstaunlich ist aber, dass fast jede zweite Frau „nur" als Sekretärin oder Verkäuferin arbeitet – und das meistens auch nur in Teilzeit. In Deutschland sind 42 % der Frauen teilzeitbeschäftigt⁴, aber nur 6 % der Männer.

© Irisblende/Reinhard Berg

Dabei haben Männer und Frauen heute die gleichen Chancen in Ausbildung und Beruf – bis sie etwa 30 Jahre alt sind. Doch wenn Frauen Kinder bekommen, ändert sich ihr beruflicher Weg⁵. Viele hören erst einmal mit dem Arbeiten auf, bleiben zu Hause und kümmern sich um ihren Nachwuchs⁶. Für die meisten Frauen ist das normal, denn es gibt hier zu wenig Angebote zur Kinderbetreuung: Es fehlen Krippenplätze für die kleinen und Ganztagsschulen für die größeren Kinder.

© Irisblende/Alexander Bernhard

Beruf und Familie miteinander vereinbaren⁷ – das ist also zurzeit noch sehr schwierig. Die Situation soll aber bald besser werden. Denn bis zum Jahr 2013 sind 500 000 neue Krippenplätze geplant. Das bedeutet: In einigen Jahren soll es für jedes dritte Kind einen Krippenplatz geben. Außerdem möchte man, dass auch Männer aktiv bei der Kindererziehung mitmachen. So gibt es das Elterngeld⁸ nur dann für maximal 14 Monate, wenn die Väter zwei Monate zu Hause bei den Kindern bleiben.

© Irisblende/Reinhard Berg

Familienfreundlichkeit ist nicht nur für die Politik sehr wichtig, sondern auch für die Wirtschaft. Viele Mitarbeiterinnen kommen nach der Babypause⁹ wieder gerne an den Arbeitsplatz zurück, wenn ihr Arbeitgeber familienfreundliche Angebote macht – also flexible Arbeitszeiten (wie zum Beispiel Teilzeit) und flexible Arbeitsformen (Heimarbeit¹⁰) anbietet oder bei der Suche von Kinderkrippenplätzen und Tagesmüttern hilft.
Das schnelle Wiederkommen von Frauen ist gut für Firmen und Betriebe: Sie müssen so keine neuen Mitarbeiter suchen und einstellen und sparen damit viel Geld und Zeit.

---

1 Kinderbetreuung die: wenn sich eine Person / eine Institution professionell um ein Kind / Kinder kümmert
2 familienfreundlich: Familienfreundlich ist man, wenn man an die Situation von Familien denkt und diese verbessern möchte.
3 Krippenplatz der, ⸚e: Platz in einer Krippe. Die Krippe ist ein „Kindergarten" für Kinder unter 3 Jahren.
4 teilzeitbeschäftigt sein: in Teilzeit arbeiten
5 der berufliche Weg: die Karriere im Beruf
6 Nachwuchs der: das Kind, die Kinder
7 Beruf und Familie miteinander vereinbaren: arbeiten und eine Familie haben
8 Elterngeld das: nach der Geburt von einem Kind zahlt der Staat den Eltern Geld
9 Babypause die: Pause von der Berufstätigkeit nach der Geburt von einem Kind
10 Heimarbeit die: Man arbeitet für eine Firma / einen Betrieb, kann das aber von zu Hause aus machen

Schritte plus im Beruf

Niveau A2/1

Mehr Krippenplätze, mehr berufstätige Frauen?!

2 Lesen Sie den Text noch einmal. Was ist richtig? Kreuzen Sie an.

1 In Deutschland gibt es heute
   a viele Frauen mit Universitätsabschluss. ☐
   b viele Männer mit Teilzeitstellen. ☐
   c sehr viele Hochschulstudentinnen ohne Abschluss. ☐

2 Frauen und Männer haben am Anfang die gleichen Chancen in Ausbildung und Beruf. Das ändert sich für die Frauen, wenn
   a sie eine andere Stelle suchen. ☐
   b sie 30 Jahre alt sind. ☐
   c sie Kinder bekommen und bei ihnen bleiben. ☐

3 Frauen möchten Kinder haben und gleichzeitig weiter berufstätig sein. Das ist schwierig, denn
   a dann haben sie keine Freizeit mehr. ☐
   b in Deutschland gibt es nicht genug Kinderbetreuung. ☐
   c viele haben keinen guten Beruf. ☐

4 Nach der Geburt von einem Kind gibt es Elterngeld. Eltern bekommen es für maximal 14 Monate, wenn
   a beide Eltern die gleiche Zeit zu Hause bleiben. ☐
   b der Vater das Kind zwei Monate betreut. ☐
   c der Vater die ganze Zeit zu Hause bleibt. ☐

5 Auch für Firmen und Betriebe ist es wichtig, dass Mütter wieder an ihren Arbeitsplatz zurückkommen. Manche bieten flexible Arbeitsformen an, das heißt:
   a Frauen können zu Hause arbeiten. ☐
   b Frauen können in einem anderen Zimmer arbeiten. ☐
   c Frauen können als Tagesmütter arbeiten. ☐

6 Wenn Mütter nach der Geburt eines Kindes bald wieder in die Arbeit kommen, ist das für eine Firma gut. Denn dann
   a sind die Mitarbeiter besser qualifiziert. ☐
   b geben die Mitarbeiter kein Geld aus. ☐
   c wechseln die Mitarbeiter nicht so oft. ☐

Schritte plus im Beruf

Niveau A2/1

Mehr Krippenplätze, mehr berufstätige Frauen?!

3 Diese Wörter und Ausdrücke finden Sie im Text. Wählen Sie einige davon aus und erzählen Sie über sich.

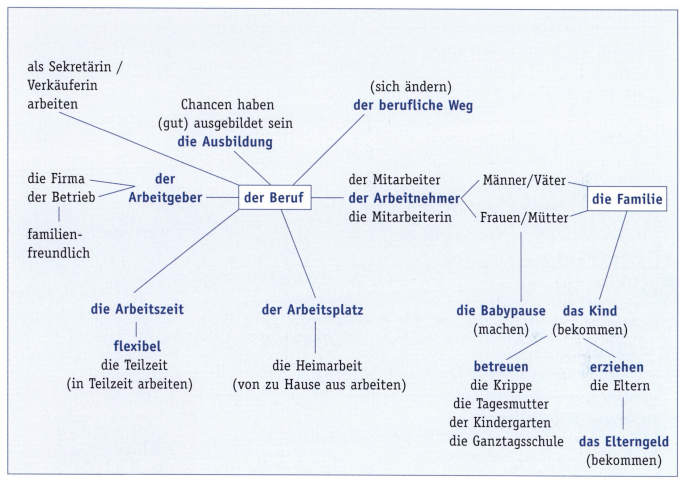

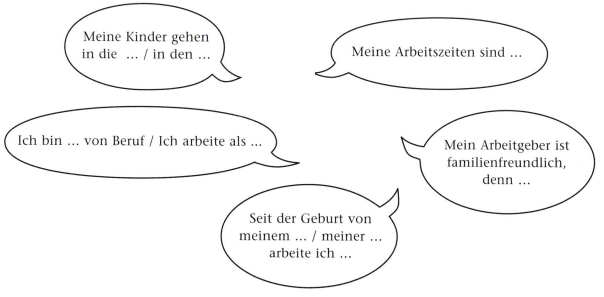

Schritte plus im Beruf

Niveau A2/1

Thema *Mindestlohn*

1 Sehen Sie die Tabelle an. Welche Bundesländer liegen in Ostdeutschland, welche in Westdeutschland? Markieren Sie mit zwei Farben.

Berufe	Bundesland / Region	Durchschnittlicher Lohn in € pro Stunde
Bäckerin / Bäcker	Berlin Brandenburg Hamburg u. Schleswig-Holstein	4,64 7,87
Friseurin / Friseur	Nordrhein-Westfalen Sachsen	4,93 3,06
Kfz-Mechanikerin / Mechaniker	Mecklenburg-Vorpommern Schleswig-Holstein	4,69 6,28
Service-Personal in Hotels und Gaststätten	Baden-Württemberg Sachsen-Anhalt	8,30 5,73

Quelle: WSI-Tarifarchiv, Stand 2006

2 Wo verdient man mehr? In Ost- oder in Westdeutschland?

3 Lesen Sie den Text und kreuzen Sie an: Was ist richtig?

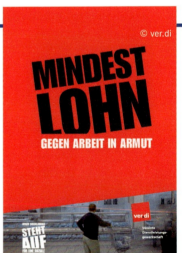

Thema *Mindestlohn*[1]

Herr Sander arbeitet Vollzeit als Wachmann[2] und verdient im Monat netto 991 Euro. Das ist nicht genug Geld für Miete, Essen und Kleidung. Nur von seinem Gehalt kann Herr Sander also nicht leben. Der Staat hilft ihm: Zusätzlich zu seinem Lohn bekommt er finanzielle Hilfe.

5 Mit einem Stundenlohn von 5,25 Euro ist Herr Sander ein „Niedriglohnempfänger". Der Wachmann ist kein Einzelfall in Deutschland. Zurzeit brauchen fast eine Million Berufstätige in Deutschland staatliche Hilfe, weil die Löhne oft so niedrig sind. Besonders SPD-Politiker und Gewerkschaften (DGB) finden das schlecht und wollen für alle Branchen[3]
10 einen Mindestlohn: Leute wie Herr Sander sollen so in Zukunft mindestens 7 Euro 50 pro Stunde verdienen.

Wirtschaftsexperten und die CDU/CSU aber warnen[4]. Ein Mindestlohn von 7 Euro 50 vernichtet[5] Arbeitsplätze, sagen sie. Das denkt auch Herr Schmitt. Er hat ein Friseurgeschäft in Mecklenburg-Vorpommern. Wenn er seinen sechs Angestellten 7 Euro 50 pro Stunde bezahlen soll, dann
15 müssen seine Kunden mehr zahlen. Das aber können sie nicht. Und das bedeutet für Herrn Schmitt, dass er einige Angestellte entlassen muss.

1 Mindestlohn der, ¨e: So viel muss ein Arbeitnehmer mindestens verdienen.
2 Wachmann der, Wachleute: Wachleute kontrollieren und prüfen: Ist ein Gebäude nachts oder am Wochenende sicher?
3 Branche die, -n: eine bestimmte Berufsgruppe: die Baubranche zum Beispiel
4 warnen, hat gewarnt: Achtung! sagen
5 vernichten, hat vernichtet: kaputt machen, zerstören

Schritte plus im Beruf

Niveau A2/1

Thema *Mindestlohn*

> Niedriglöhne sind nicht nur, aber besonders in Ostdeutschland ein Problem. Dort verdient jeder vierte Arbeitnehmer sehr wenig. Gleichzeitig aber ist im Osten die Arbeitslosigkeit sehr hoch und niemand möchte Arbeitsplätze vernichten. Politiker, Gewerkschaften und Wirtschaftsexperten diskutieren also über das Thema Mindestlohn, eine Lösung aber haben sie noch nicht gefunden. Und so bleibt das Leben für Herrn Sander und für viele andere Niedriglohnempfänger leider wie bisher: Sie haben viel Arbeit und sehr wenig Geld.

	richtig
Herr Sander kann von seinem Gehalt gut leben.	☐
Herr Sander hat noch einen Extra-Verdienst.	☐
Herr Sander verdient nicht viel.	☐
Es gibt eine Million Arbeitslose in Deutschland.	☐
Eine Million Berufstätige bekommen ihr Gehalt und Geld vom Staat.	☐
Herr Sander verdient 7,50 Euro pro Stunde.	☐
Wirtschaftsexperten finden einen Mindestlohn nicht gut.	☐
Die Kunden von Herrn Schmitt zahlen 7,50 Euro	☐
Friseure verdienen bei Herrn Schmitt 7,50 Euro.	☐
In Ostdeutschland gibt es keine Niedriglöhne.	☐
Man sucht eine Lösung für Leute wie Herrn Sander.	☐
Herr Sander bekommt bald viel Geld.	☐

4   Hier finden Sie 10 Wörter aus dem Text. Welche? Markieren Sie.

S	F	V	G	V	R	A	X	Q	A	K	L
T	H	E	R	Z	A	R	L	F	N	C	O
U	Z	R	T	U	Y	B	N	S	G	J	H
N	T	D	A	R	B	E	I	T	E	N	N
D	W	I	G	D	Ö	I	E	H	S	R	E
E	Q	E	M	X	Ä	T	D	W	T	Z	M
N	P	N	I	H	L	S	R	T	E	M	P
L	K	E	N	R	U	L	I	O	L	P	F
O	L	N	D	E	F	O	G	X	L	M	Ä
H	Ö	D	E	N	U	S	L	Q	T	W	N
N	V	A	S	X	W	I	Ö	L	E	N	G
J	A	K	T	B	R	G	H	Ü	Ä	M	E
W	G	E	L	D	U	K	N	P	Y	O	R
S	N	L	O	K	M	E	E	N	E	F	Q
D	M	U	H	I	E	I	O	W	U	K	L
V	G	I	N	N	T	T	Ö	Y	C	V	Ä
B	E	R	U	F	S	T	Ä	T	I	G	E

- 17 -

Schritte plus im Beruf

Niveau A2/1

Schnitzel aus dem Toaster: Wie Essgewohnheiten sich ändern

1 Machen Sie eine Umfrage in Ihrer Kleingruppe. Ergänzen Sie die Tabellen und erzählen Sie.

Wie viel Zeit brauchen Sie täglich zum Kochen und Essen?

Zeit	20-30 Minuten	bis 45 Minuten	eine Stunde	mehr als 1 Stunde
TN				

Wo essen Sie?

Ort	zwischendurch bei der Arbeit	unterwegs	in der Kantine mit Kollegen	zu Hause mit der Familie
TN				

Was kochen Sie, wenn es schnell gehen soll?

2 Lesen Sie den Text und beantworten Sie die Fragen.

a Wer kocht? Wer kocht nicht?
b Wie soll Essen heute sein? Warum?
c Was bieten Lebensmittel-Hersteller an? Wo kann man diese Angebote kennenlernen?
d Warum sind Fertiggerichte so beliebt?

Schnitzel aus dem Toaster[1]: Wie Essgewohnheiten sich ändern

Kochen und Essen sind hierzulande ein wichtiges Thema geworden. Besonders gut sieht man das, wenn man den Fernseher anmacht: Beinahe täglich kann man Meister- und Hobbyköchen beim Kochen zusehen. Und nicht nur im Fernsehen, auch in Zeitungsmagazinen[2] hat das Thema *Essen* seinen festen Platz: Dort gibt es jede Woche neue Kochrezepte und Informationen darüber,
5 welche Regierungschefs wann was zusammen gegessen haben.

Bedeutet das also, dass die Deutschen wieder länger am Herd stehen und kochen? Eigentlich nicht: Denn *viel fernsehen* ist nicht *selbst kochen*. Und eine der Magazin-Seiten mit
10 Kochrezepten heißt „Nimm drei" und das bedeutet: Die Rezepte dürfen nur drei Zutaten[3] haben, man muss sie also einfach und schnell kochen können.

---

1 Toaster der, -: Küchengerät. Auf dem Bild neben dem Text sehen Sie einen Toaster.
2 (Zeitungs-)Magazin das, -e: Ein Magazin ist eine Zeitschrift oder ein Extra-Heft zu einer Zeitung. Magazine gibt es meistens einmal pro Woche.
3 Zutat die, -en: was man zum Kochen braucht, z.B. Butter, Mehl, Kartoffeln

Schritte plus im Beruf

Niveau A2/1

Schnitzel aus dem Toaster: Wie Essgewohnheiten sich ändern

Auch Umfragen zeigen: Gut und gesund, aber vor allem einfach und schnell – so soll das Essen von heute sein. Weil es immer mehr Single-Haushalte und berufstätige Frauen gibt, darf das Kochen nicht mehr viel Zeit kosten. Denn gerade die fehlt den meisten Menschen hier oft: die Zeit zum Planen, Einkaufen, Vorbereiten, Kochen und auch zum gemeinsamen Essen.

Besonders im Alltag möchten die Deutschen also schnell und bequem satt werden. Und das geht am besten mit Fertiggerichten[4]. 85 Prozent der Leute öffnen Dosen, Tüten[5] und andere Verpackungen – die Töpfe aber bleiben im Schrank. Die Lebensmittelbranche nennt das den „Fix-und-fertig-Trend": Sie erwartet große Gewinne und bringt so immer wieder neue Fertigprodukte auf den Markt.

Diese neuen Produkte präsentieren Lebensmittel-Hersteller jedes Jahr auf der ANUGA in Köln: Auf der weltweit größten Lebensmittel-Messe[6] kann man so zum Beispiel Bratkartoffeln aus der Packung oder Pizza als eine Art „Eis in der Tüte" kennenlernen – und probieren. Besonders kurios in diesem Jahr aber war das Schnitzel aus dem Toaster: Packung auf, Schnitzel in den Toaster, Taste drücken – fertig. Na dann: guten Appetit!

(Quelle: Süddeutsche Zeitung vom 16.10.07)

---

4 Fertiggericht das, -e: Das Gericht ist schon fertig gekocht. Man muss es nur warm machen.
5 Tüte die, -n : eine Einkaufstasche aus Papier oder Plastik
6 Messe die, -n: Firmen zeigen ihre neuen Produkte auf der Messe.

3 Suchen Sie die Sätze a-d im Text. Was bedeuten sie? Sprechen Sie.

a Das Thema Essen hat auch in Magazinen <u>seinen festen Platz.</u> (Zeile 4)
b Es gibt immer mehr <u>Single-Haushalte.</u> (Zeile 14)
c Die Töpfe aber <u>bleiben im Schrank.</u> (Zeile 19/20)
d Besonders <u>kurios</u> aber war das Schnitzel aus dem Toaster. (Zeile 26)

Schritte plus im Beruf — Niveau A2/1

Warum Großraumbüros und Kaffeeküchen für die Arbeit wichtig sind

1 Sehen Sie das Bild an. Woran denken Sie?

offen • den Raum gut nutzen • Konzentrationsprobleme haben • modern • laut • interessant • viel Kontakt zu Kollegen haben • kreativ • stressig • mit anderen zusammenarbeiten • viel erfahren • unpersönlich

Ich denke, dass das Büro nicht modern aussieht. Und arbeiten möchte ich dort nicht, weil es bestimmt sehr laut ist.

2 Was bedeuten die Wörter und Wendungen? Ordnen Sie zu.

a	flexibel (sein)	in einer Gruppe arbeiten
b	kommunikativ (sein)	so arbeiten, dass das Ergebnis gut ist und nicht so viel Geld gekostet hat; wirtschaftlich arbeiten
c	effizient (sein)	wichtig sein
d	in einem Team arbeiten	einen Arbeitsplatz für eine bestimmte Zeit reservieren oder mieten
e	an einem Projekt arbeiten	offen sein, gerne mit anderen sprechen, andere gerne und genug informieren
f	einen Schreibtisch buchen	zwei Leute unterhalten sich und kein anderer hört zu
g	ein Gespräch unter vier Augen führen	sich für eine bestimmte Zeit mit einer Aufgabe beschäftigen
h	eine wichtige Rolle spielen	sich und sein Verhalten leicht verändern können, wenn es nötig ist; mobil sein

3 Lesen Sie und kreuzen Sie an: Was steht im Text? (Zwei Antworten sind richtig.)

Im Text steht, dass

a ☐ viele Leute eigentlich nur einen Schreibtisch, aber kein eigenes Büro mehr brauchen.
b ☐ die Arbeit im Büro interessant ist, weil man sich oft einen neuen Arbeitsplatz suchen darf.
c ☐ verschiedene Räume für verschiedene Aufgaben und Tätigkeiten gut sind.
d ☐ regelmäßige Kaffeepausen im Büro gesund sind.

Schritte plus im Beruf

Niveau A2/1

Warum Großraumbüros und Kaffeeküchen für die Arbeit wichtig sind

Warum Großraumbüros und Kaffeeküchen für die Arbeit wichtig sind

Unsere Arbeitswelt hat sich sehr geändert: Natürlich gibt es noch Bauern mit Hof und Tieren, Handwerker mit eigener Werkstatt und Arbeiter in Fabriken. Aber fast die Hälfte aller Berufstätigen sitzt hierzulande am Schreibtisch. Ihr Arbeitsplatz ist das Büro.

Wie aber sollen Büros aussehen, damit[1] die Angestellten dort möglichst effizient und gut arbeiten können? Diese Frage beschäftigt eine Forscher[2]-Gruppe vom Fraunhofer-Institut für Arbeitsforschung und Organisation (IAO) seit vielen Jahren. Das Ergebnis fassen die IAO-Leute so zusammen: Moderne Büros sollen vor allem offen, flexibel und kommunikativ sein.

Das heißt, dass Büros eigentlich wie die Angestellten sein sollten. Denn für viele Menschen sieht der Alltag im Büro so aus: Man arbeitet an einem Projekt und ist Teil von einem Team. Wenn das Projekt zu Ende ist, bekommt man eine neue Aufgabe und wechselt in ein anderes Team. Die Arbeit im Team und an Projekten aber bedeutet, dass man kommunikativ und flexibel sein und seinen Arbeitsplatz oft wechseln muss. Also glauben die Arbeitsplatz-Forscher, dass viele Menschen kein eigenes Büro mehr brauchen. Viel besser ist es, wenn ein Team in einem Großraumbüro ein paar Schreibtische bucht und diese Tische dann wieder frei macht, wenn das Projekt abgeschlossen ist und sich die Gruppe wieder trennt.

Großraumbüros sind bei vielen Angestellten allerdings nicht sehr beliebt. Denn wohin geht man, wenn man einmal in Ruhe nachdenken und sich konzentrieren will? Oder ein Gespräch unter vier Augen führen und telefonieren muss? Für diese Fälle empfiehlt das IAO „Denkerzellen" oder „Silence-Boxen": Das sind stille Räume, wo man allein sein kann und niemand stört und dazwischenredet.

Und noch ein anderer Raum spielt für die Arbeitsplatz-Forscher eine wichtige Rolle: die Kaffeeküche. Denn dort können sich Angestellte aus verschiedenen Teams treffen, diskutieren und so Meinungen und Informationen über ihre Arbeit austauschen. Die Kaffeeküche, so denken sie, ist ein kommunikativer Ort. Und dort können sich leicht neue Ideen und Lösungen entwickeln. „Intelligente" Büroräume entscheiden also über den Erfolg von einer Firma mit – das glauben zumindest die IAO-Forscher.

© Pavel Mirmanov/istockphoto.com

(Nach Süddeutsche Zeitung vom 16.1.2008, www.iao.de)

1 damit: Konjunktion. Ich lerne Deutsch, damit ich eine Arbeit finde / weil ich eine Arbeit finden will.
2 Forscher der, -: Wenn eine Person etwas wissenschaftlich untersucht, ist sie ein Forscher.

4 Lesen Sie den Text noch einmal. Was passt? Ordnen Sie zu.

a Wenn man sich mit Kollegen unterhalten möchte, geht man am besten
b Lange Telefongespräche macht man
c Oft bekommt man neue Ideen in Gesprächen
d Alltägliche Aufgaben erledigt man
e Wenn man nachdenken muss und keine anderen Gespräche hören will, geht man
f Wenn ein Projekt zu Ende ist, dann kommt ein anderer Mitarbeiter

an den Schreibtisch im Großraumbüro.
am Schreibtisch im Großraumbüro.
in der „Denkerzelle".
in die „Denkerzelle".
in der Kaffeeküche.
in die Kaffeeküche.

5 Welche Räume gibt es in Ihrer Firma / Ihrem Betrieb? Was macht man dort? Sprechen Sie.

Schritte plus im Beruf

Niveau A2/2

Klimawandel – Autowandel

1 Sehen Sie die Fotos an. Ergänzen Sie dann die Wörter.

Atmosphäre • Ausstoß • Benzin • Klima • Kohlendioxid • Naturkatastrophen • umweltfreundlicher

Das Auto fährt. Es verbraucht _____.

Benzin verbrennt. Es entsteht _____ _____ (CO_2).

Das Auto stößt CO_2 aus. Der durchschnittliche CO_2-_____ ist in Deutschland 160 Gramm pro Kilometer.

CO_2 macht die _____ kaputt. Auf der Erde wird es wärmer.

Weil sich das _____ ändert, gibt es _____.

Autos müssen _____ werden!

Schritte plus im Beruf

Niveau A2/2

Klimawandel – Autowandel

2 Lesen Sie den Text. Zu welchen Abschnitten passen die Sätze? Ergänzen Sie.

Klimawandel[1] – Autowandel?

1 Größer, stärker, schneller – nach diesem Motto hat die deutsche Autoindustrie bisher ihre neuen Modelle entwickelt und verkauft. Und sie hatte Erfolg damit. Automarken wie Mercedes, BMW, VW, Audi und Porsche sind überall auf der Welt sehr beliebt. Sie werden oft gekauft und gerne gefahren.

2 Wie alle EU-Länder will jetzt auch Deutschland, dass deutsche Autos nicht mehr als 120 Gramm Kohlendioxid (CO_2) pro Kilometer ausstoßen, also etwa 5 Liter Benzin auf hundert Kilometern verbrauchen. Der Grund: der Klimawandel und seine schlimmen Folgen für die Natur und den Menschen. Spätestens nach dem letzten Welt-Klima-Bericht haben auch hier die Politiker verstanden: Wenn wir in Zukunft gut leben möchten, müssen wir uns um die Umwelt[2] kümmern. Das aber heißt vor allem: Schadstoffe (wie zum Beispiel das CO_2) reduzieren[3] und umweltfreundliche Autos bauen (lassen). Gute Ökoideen[4], so der Verkehrsminister, gibt es bei den Autoherstellern schon: Mit dem Einbau von einer Verbrauchsanzeige auch in kleinere Fahrzeuge kann man zum Beispiel den Benzinverbrauch deutlich senken[5].

3 Die Autobranche soll also etwas für den Klimaschutz tun – so will es die deutsche Politik. Sie unterstützt deshalb auch die Entwicklung von neuen Kraftstoffen[6] und innovativen Motoren. Die Hybrid-Technik kommt so zum Beispiel eigentlich aus Deutschland. Trotzdem aber hat der japanische Autohersteller Toyota zurzeit die meisten Hybrid-Modelle im Angebot. Die deutschen Autobauer müssen jetzt schnell etwas tun, denn die Nachfrage ist offensichtlich da: Eine Studie zeigt, dass jeder vierte Kunde ein Hybrid-Fahrzeug kaufen und dafür bis zu 3000 Euro mehr ausgeben würde.

4 Natürlich denken nicht alle Deutschen beim Autokauf an den Klimaschutz. Viele möchten mit ihrem neuen Auto vor allem schnell fahren, denn auf deutschen Autobahnen gibt es kein Tempolimit[7].
Sie kaufen deshalb einen Sport- oder Luxuswagen – mit hohem Benzinverbrauch und CO_2-Ausstoß. Für diese Klientel[8] wird das Autofahren in Zukunft teurer: Wenn ein Auto sehr viel Kohlendioxid ausstößt, wird wahrscheinlich auch die Kfz-Steuer höher.

5 In den Autohäusern können sich Kunden bald darüber informieren, ob ein Wagen gut oder schlecht für die Umwelt ist. Denn der Bundesverkehrsminister will einen Klimapass für Autos einführen: Grün bedeutet: das Auto stößt wenig CO_2 aus, rot bedeutet: der CO_2-Ausstoß ist hoch, gelb bedeutet: mittel. Umweltschützern[9] ist die Einführung von Klimapässen für Autos allerdings nicht genug. Sie wollen, dass hier in Deutschland noch viel mehr für den Klimaschutz getan wird.

---

1 Klimawandel der: Wenn sich das Klima ändert, spricht man von ‚Klimawandel'.
2 Umwelt die: Flüsse, Seen, Meere, Pflanzen, Tiere, Menschen etc.
3 reduzieren: etwas soll weniger werden
4 Öko-: kurz für ökologisch. Das bedeutet, dass bestimmte Produkte oder Ideen gut für die Umwelt sind.
5 senken: reduzieren
6 Kraftstoff der, -e: Benzin ist zum Beispiel ein Kraftstoff.
7 Tempolimit das, -s: Wenn es kein Tempolimit gibt, darf man so schnell fahren, wie man möchte.
8 Klientel die: hier: die Kunden
9 Umweltschützer der, -: Umweltschützer wollen zum Beispiel, dass Flüsse und Seen sauber bleiben und Wälder nicht kaputt gemacht werden.

Schritte plus im Beruf

Niveau A2/2

Klimawandel – Autowandel

☐ Autos sollen einen Ausweis bekommen. Dort steht etwas über ihren CO_2-Ausstoß.

[1] Das Erfolgsrezept der Autohersteller war bisher „größer, stärker, schneller".

☐ Für manche Leute ist der Klimaschutz nicht das Wichtigste beim Autokauf.

☐ In Zukunft dürfen die Autos nicht mehr so viel Kohlendioxid ausstoßen.

☐ Deutsche Automarken sind auf der ganzen Welt sehr beliebt.

☐ Für das Hobby „schnell fahren" müssen Autofahrer in Zukunft mehr bezahlen.

☐ Die deutsche Autoindustrie muss neue Technologien entwickeln.

☐ Viele Umweltschützer möchten, dass die Politik noch mehr für den Klimaschutz macht.

☐ Hybridautos sind teurer. Trotzdem interessieren sich viele Kunden dafür.

☐ Autos müssen umweltfreundlicher werden.

☐ Der Autoproduzent Toyota ist mit seinen Hybridmotoren zurzeit die Nummer 1.

3 Suchen Sie im Text Komposita. Welche Wörter haben dieselbe Bedeutung?

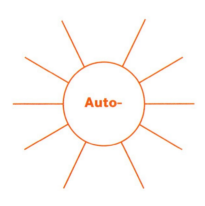

Schritte plus im Beruf

Niveau A2/2

Die Zukunft liegt bei 50 plus

1 Welche Bezeichnung (= welches Wort) passt zu welchem Alter? Ordnen Sie zu.

> Kinder • Jugendliche • junge Erwachsene • Erwachsene • Menschen in mittleren Jahren
> ältere Menschen • Senioren • alte Menschen

0........ 10 .... 20 .... 30 .... 40 .... 50 .... 60 .... 70 .... 80 .... 90 .... 100 .... Jahre

a Sehen Sie die Grafik an. Welche Altersgruppe ist in Zukunft am stärksten?

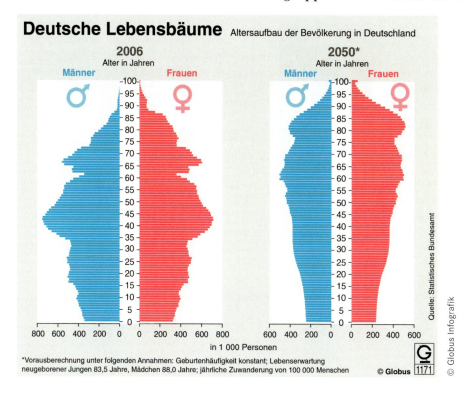

b Welche Altersgruppe ist in Ihrem Land am stärksten?

2 Lesen Sie den Text. Ergänzen Sie: Welche Überschrift passt?

Die Generation 50 plus ☐

Was macht die Wirtschaft, wenn die Menschen älter werden? ☐

Technische Verbesserungen von Produkten haben Erfolg ☐

Erfolgreiche Angebote für die Generation 50 plus ☐

Schritte plus im Beruf

Niveau A2/2

Die Zukunft liegt bei 50 plus

Die Zukunft liegt bei 50 plus

1 Immer mehr Alte, immer weniger Junge – so kann man die Bevölkerungsentwicklung in den deutschsprachigen Ländern kurz beschreiben. Was bedeutet das für die Wirtschaft, wenn das Durchschnittsalter bei über 50 Jahren liegt? Stellen sich die Firmen auf die älteren Menschen ein[1] und ändern ihr Warenangebot?

Viele Firmen kennen diesen „Zukunftsmarkt" noch nicht richtig. Es fehlen
10 genauere Informationen darüber, was die Generation 50 plus gerne macht und wofür sie Geld ausgeben würde. So viel weiß man allerdings: Die Generation 50 plus ist vital, aktiv, selbstbewusst und
15 lebensfroh. Sie ist außerdem sehr kritisch und gut informiert. Schon heute surfen mehr „Silver Surfer" im Internet als 14- bis 19-Jährige. Zu den beliebtesten Webseiten gehören Seiten mit Nach-
20 richten und Urlaubsangeboten. Besonders Urlaube in „Wellness-Hotels" sind gefragt: Dort kann man sich entspannen, den Körper pflegen und Schönheitskuren machen. Vielen über 50-Jährigen gefällt das: Denn
25 sie möchten etwas für ihre Gesundheit tun, jung bleiben und jung aussehen.

Wenn Firmen die Generation 50 plus wie normale Kunden und nicht wie ältere Menschen behandeln, haben sie oft Erfolg. So gibt es zum Beispiel ein sehr erfolgreiches Kosmetikprogramm für die 30 reife, also die ältere Haut. Für die Marke wirbt eine sportlich-elegante Frau mit grauen Haaren und einem alterslosen Gesicht. Sie zeigt einen modernen Lebensstil und das Motto: „50 ist klasse." Ein anderes Produkt für die Generation 50 35 plus bietet ein bekannter Sportartikel-Hersteller an: Weil Nordic-Walking bei dieser Altersgruppe eine beliebte Sportart ist, hat die Firma einen speziellen „Walking-Schuh" entwickelt.[2] 40

Die über 50-Jährigen wissen oft genau, welche technischen Neuheiten sie brauchen und welche sie nicht brauchen. Deshalb kaufen sie auch gerne Autos mit niedrigen Ladekanten[3], erhöhten Sitzen 45 und Einparkhilfen. Manche Produkte mit technischen Verbesserungen haben auch bei jungen Leuten Erfolg. So wie zum Beispiel der Koffer auf Rollen: Eigentlich hat man ihn für ältere Menschen entwickelt, heute 50 aber rollen auch junge Leute ihre Gepäckstücke hinter sich her.

1 sich auf etwas einstellen, hat sich eingestellt: richtig vorbereitet sein
2 entwickeln, hat entwickelt: hier: produzieren, herstellen
3 Ladekante die, -n: Rand am Kofferraum von einem Auto

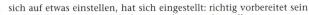

3 Was erfahren Sie über die Generation 50 plus?
Suchen Sie die Informationen aus dem Text und ergänzen Sie die Tabelle.

Wie wird die Generation 50 plus beschrieben?	Was möchte sie?	Was bietet die Wirtschaft für sie an?

4 Was für Produkte könnte man der Generation 50 plus noch anbieten? Sammeln Sie in der Gruppe. Stellen Sie Ihre Ideen im Plenum vor.

Schritte plus im Beruf

Niveau A2/2

Auf leisen Rädern in die weite Welt

1 Lesen Sie den Text bis Zeile 5. Welches Produkt wird hier beschrieben? Sprechen Sie im Kurs darüber. Die Redemittel helfen Ihnen dabei.

> **Auf leisen Rädern in die weite Welt**
> Dieses Produkt muss vieles sein und noch mehr können: Leise soll es sein, stabil[1] und sicher natürlich auch. Außerdem sollte man es problemlos parken, abschließen und auch lenken können: Denn da, wo man dieses Produkt benutzt, gibt es keine richtigen Parkplätze und zum Wenden ist es meis-
> 5 tens sehr eng.

Also, ich denke, im Text geht es um … .
Ich vermute, der Text handelt von … .
Ich bin mir nicht sicher, aber ich glaube, hier wird … beschrieben.

a Lesen Sie den Text dann bis Zeile 11. Um welches Produkt geht es im Text?

> Das Produkt muss außerdem geräumig sein, also möglichst viel Platz bieten: für ein kleines Kind, schwere Getränkekästen, große Einkaufstaschen oder einfach nur für Blumen. Und manchmal sollte man mit diesem Produkt auch Kleidung transportieren können. Am besten an einer Kleiderstange[2], weil dann nichts zerknittert[3]. Der 150-Liter Wagen kann das alles, der 210-Liter-Wagen – er kommt
> 10 gerade in Mode – natürlich auch. Ein Auto? Nein, ein Auto ist unser Produkt natürlich nicht. Aber was ist es dann?

b Lesen Sie den Text zu Ende und beantworten Sie die Fragen.

> Unser leises, stabiles, sicheres, leicht lenk- und fahrbares, geräumiges Produkt ist angeblich eine Erfindung aus Amerika. Sylvan N. Goldman, Besitzer von mehreren Supermärkten in Oklahoma, montierte 1937 unter seine Gartenstühle Rollen. Dann ließ er diese „mobilen Stühle" von seinen
> 15 Kunden durch seine Geschäfte fahren. Eine Idee war geboren und damit auch ein neues Produkt: der Einkaufswagen.
>
> In den deutschen Sprachraum kam der Einkaufswagen erst in den 1950er Jahren. Die Firma Wanzl aus dem bayrischen Leipheim hatte zuvor bereits stapelbare Einkaufskörbe aus Metall hergestellt. Wenige Zeit später produzierte sie dann den Einkaufswagen mit festem Korb. Heute ist Wanzl der weltweit
> 20 größte Hersteller von Einkaufswagen: Mehr als zwei Millionen Einkaufswagen werden im Jahr von Leipheim aus in die ganze Welt geliefert. Die Firma beschäftigt momentan über 3000 Angestellte und wächst: Denn wenn in Europa, Asien oder anderswo ein neues Geschäft eröffnet wird, gibt es dort meistens auch Wanzl-Wagen: angeblich sind das die besten. Probieren Sie es selbst aus – im Supermarkt in Ihrer Nähe!
>
> *(Nach: Süddeutsche Zeitung vom 12.3.2008 von Mike Szymanski, www.wanzl.com)*

---

1 stabil: Wenn ein Gegenstand stabil ist, geht er nicht leicht kaputt.
2 Kleiderstange die, -n: An einer Kleiderstange im Schrank hängen meistens Blusen oder Hemden.
3 zerknittern, zerknitterte, ist zerknittert: Wenn ein Kleidungsstück zerknittert ist, muss man es bügeln.

Schritte plus im Beruf

Niveau A2/2

Auf leisen Rädern in die weite Welt

   a Wo und von wem wurde das Produkt erfunden?

   b Warum muss man das Produkt problemlos parken und lenken können?

   d Seit wann gibt es das Produkt im deutschen Sprachraum?

   e Was kann man in dem Produkt alles unterbringen?

2 Wie heißen die Wörter? Schreiben Sie. Ein guter Einkaufswagen ist ... .

ge   prakt   se   gut lenk   bil   räum   cher   lei   si   sta   bar   ig   isch

3 Sehen Sie das Bild an und ergänzen Sie, wenn nötig, die Endungen.

ein praktisch___ Münzpfandschloss zum Abschließen

ein bequem___ Sitz für ein klein___ Kind

mit geräumig___ Korb für den groß___ Einkauf

mit praktisch___ Haken für Ihre Einkaufstasche

ein sicher___ , stabil___ und gut lenkbar___ Wagen!

viel___ Platz für groß___ und schwer___ Getränkekästen

besonders leis___ und gut fahrbar___ Räder

© Wanzl Metallwarenfabrik GmbH

4 Wählen Sie ein Produkt aus Ihrem Heimatland. Beschreiben Sie das Produkt. Die anderen Kursteilnehmer/-innen raten, welches Produkt Sie beschrieben haben.

Schritte plus im Beruf

Niveau A2/2

Mal schnell kurz weg – Städtereisen beliebt wie noch nie

1 Was können Besucher in Ihrer Stadt machen? Sammeln Sie in Kleingruppen möglichst viele Angebote für die Bereiche Kultur, Unterhaltung, Freizeit und Wirtschaft. Erzählen Sie.

Kultur	Unterhaltung	Freizeit	Wirtschaft

2 Lesen Sie den Text. Zu welchem Textabschnitt passt das? Ergänzen Sie.

☐ Beliebte Reiseziele
☐ Warum Leute gerne in Städte reisen
☐ Wie manche Städte noch mehr Touristen gewinnen wollen
☐ Immer mehr Städtereisen im Angebot

Mal schnell kurz weg – Städtereisen beliebt wie noch nie

"Wohin geht die Reise – in die Berge oder ans Meer?" Immer häufiger heißt die Antwort: „In die Stadt!" Das zeigt auch ein Blick in die Reisekataloge: Dort konnte man früher nur Reisen in 14 Städte finden, heute sind es Reisen in 177 Städte. Städtereisen sind also beliebt wie nie zuvor. Warum eigentlich?

Viele Leute verreisen heute lieber kürzer, dafür aber öfter. Vor allem Berufstätige wollen den Alltag und den Stress im Beruf vergessen, eine kleine Pause machen und in wenigen Tagen viel erleben. Aber auch Leute mit wenig Geld wie zum Beispiel Studenten und Auszubildende buchen gerne einen Kurzurlaub in einer Stadt. Besonders dann, wenn sie dort etwas Interessantes sehen und unternehmen können.

Ein gutes Angebot an kulturellen Veranstaltungen und Unterhaltung, an Freizeit- und Einkaufsmöglichkeiten ist also wichtig für den Städte-Tourismus. Die beliebtesten Reiseziele sind deshalb große Städte wie Wien, Berlin, München oder Zürich, denn dort gibt es viele Sehenswürdigkeiten, Theater, Museen,

© Sebastian Seifert / fotolia.com

Messen[1], Geschäfte und Restaurants. Aber auch kleinere Städte können „Besucher-Magnete"[2] werden, wie zum Beispiel das bayrische Regensburg: Seit die Stadt mit dem mittelalterlichen Stadtbild zum Weltkulturerbe[3] der UNESCO gehört, steigen die Besucherzahlen. So werden in diesem Jahr etwa zwei Millionen Tagesgäste und 750.000 Übernachtungen erwartet. Für eine Stadt mit „nur" gut 145.000 Einwohnern ist das sehr viel. Zu viel?

Weil sich mit dem Tourismus viel Geld verdienen lässt, verbessern viele Städte das Freizeitangebot für ihre Gäste. Die kleine Stadt Travemünde an der Ostsee hat zum Beispiel das Sandfigurenfestival „Sandworld" ins Leben gerufen[4]. Und auch Hamburg will noch mehr Leute anlocken: Die Stadt baut gerade ihr viertes Musical-Theater, denn 40 % aller Gäste kommen dorthin, weil sie ein Musical sehen möchten. Dass ein Theater dabei direkt am Wasser liegt, ist sicher kein Zufall: Denn so können die Musical-Besucher gleich noch eine andere große Attraktion[5] der Stadt kennenlernen: den Hafen mit den vielen großen (Kreuzfahrt-)Schiffen.

© Hamburg Tourismus GmbH

(Quelle: www.dehoga.de)

1 Messe die, -n: Dort stellen Firmen ihre neuen Produkte vor.
2 Magnet der, -e: Die Stadt ist ein Besucher-Magnet. Das bedeutet: Viele Leute besuchen die Stadt bzw. die Stadt zieht viele Besucher an.
3 Weltkulturerbe das: Alte Städte, aber auch besonders schöne Sehenswürdigkeiten und Landschaften werden von der UNESCO zum „Weltkulturerbe" (= kulturell besonders wichtige Bauwerke bzw. Landschaften) erklärt und dadurch geschützt.
4 etwas ins Leben rufen: etwas beginnen
5 Attraktion die, -en: die Sehenswürdigkeit

Schritte plus im Beruf — Niveau A2/2

Mal schnell kurz weg – Städtereisen beliebt wie noch nie

3 Was ist richtig? Kreuzen Sie an.

	richtig
a Immer mehr Leute fahren in die Berge.	☐
b Wenn man nicht viel Zeit hat, fährt man in eine Stadt.	☐
c Besucher kommen dann, wenn es etwas Besonderes zu sehen gibt.	☐
d Viele Menschen finden Großstädte attraktiv.	☐
e Regensburg ist eine moderne Stadt.	☐
f Nach Hamburg fährt man nur, weil es dort Musicals gibt.	☐

4 Was steht im Text? Ergänzen Sie die Sätze mit eigenen Worten.

a Viele Berufstätige fahren gerne für ein paar Tage in eine andere Stadt, denn _____
_____ .

b Große Städte sind für viele Menschen interessant, weil _____
_____ .

c Regensburg ist keine große Stadt. Trotzdem _____
_____ .

d Für die Städte ist es wichtig, dass viele Touristen kommen. Deshalb _____
_____ .

e Hamburg baut ein neues Musical-Theater. Denn man weiß, dass _____
_____ .

Schritte plus im Beruf

Niveau B1/1

Eine Stelle finden, aber wie?

1 Welche Möglichkeiten gibt es, eine Stelle zu finden? Sammeln Sie Ideen.

eine Stelle finden

2 Lesen Sie den Text. Was machen die drei Leute, um eine Stelle zu finden? Warum machen sie das? Markieren Sie die Antworten auf diese Fragen im Text.

Eine Stelle finden, aber wie?

"Such dir doch eine Arbeit!" Dieser Satz ist oft leichter gesagt als getan. Sogar dann, wenn man weiß, was man beruflich machen möchte. Denn man muss zunächst einmal herausfinden, wo man überhaupt suchen soll.

Soll man die Stellenanzeigen in der Zeitung „studieren"? Oder geht man besser zu den staatlichen Arbeitsagenturen? Sind die zahlreichen Jobbörsen im Internet vielleicht aktueller und sinnvoller? Wie findet man am besten eine Stelle?

Für Arbeitssuchende sieht der Stellenmarkt oft unübersichtlich und verwirrend[1] aus. Und besonders schwierig ist es, wenn man im ganzen Bundesgebiet nach einer Stelle sucht wie zum Beispiel Hanna Meier. Als Single ist sie nicht an einen Wohnort gebunden[2], sie kann also überall arbeiten. Doch wie soll die Kölnerin wissen, was für Stellen in Dresden oder in anderen Städten angeboten werden?

Hilfe bekommt Hanna vom „Wissenschaftsladen Bonn" und dessen Informationsdienst: Arbeitsmarktexperten werten dort jede Woche bundesweit Stellenanzeigen zu bestimmten Arbeitsbereichen aus, kommentieren und sortieren sie. Diesen Informationsdienst hat Hanna abonniert und erfährt so von ungefähr 300 qualifizierten Arbeitsangeboten pro Woche.

Auch Katharina Heider wollte sich nicht allein auf die mühselige[3] Suche durch den Anzeigen-Dschungel machen. Sie hat allen Leuten, die sie kennt, von ihrer Stellensuche erzählt. Denn sie dachte: Wenn viele Leute wissen, was ich suche, landet die Information irgendwann bei dem, der mir helfen kann. Und so war es dann auch. Ein Kollege ihres Vaters hörte von ihren Berufswünschen und fragte einen Freund, der Personalchef einer Firma ist. Sie kam zu einem Vorstellungsgespräch und bekam eine Stelle, die gar nicht auf dem Stellenmarkt angeboten war. Solche persönlichen Netzwerke[4] nutzen übrigens auch immer mehr große Firmen, um geeignete Arbeitskräfte zu finden: Sie bieten ihren Mitarbeitern sogar Geld an, damit sie unter ihren Bekannten nach passenden Bewerbern suchen.

Berufseinsteiger[5] können auch Praktika, Volontariate[6] oder Trainee-Programme machen und auf diese Weise eine Stelle finden. Jedenfalls war es bei Henri Schmitz so. Weil er schon während der Schulzeit gute Erfahrungen mit Praktika gemacht hat, hat er sich nach seinem Abschluss als Praktikant bei einer Zeitung beworben. Dort hatte er einen Vertrag für sechs Monate, einen interessanten Aufgabenbereich und er bekam 400 Euro pro Monat. Weil sein Arbeitgeber mit Henri sehr zufrieden war, bot er ihm am Ende seines Praktikums ein festes Arbeitsverhältnis an. Henri hatte Glück: Denn leider gibt es auch Firmen, die in Praktikanten billige Arbeitskräfte sehen und mit ihnen einen regulären Arbeitsplatz besetzen.

---

1 verwirrend: nicht klar, man sieht keine Ordnung
2 binden, band, gebunden: gebunden sein (an einen Ort): man muss dort bleiben
3 mühselig: anstrengend, man braucht viel Zeit
4 Netzwerk das, -e: hier: Kontakte und Verbindungen zu vielen Personen
5 Berufseinsteiger der, -: Personen, die mit einem Beruf anfangen
6 Volontariat das, -e: Praktikum bei einer Zeitung oder einem Verlag

Schritte plus im Beruf

Niveau B1/1

Eine Stelle finden, aber wie?

3 Ergänzen Sie die Sätze mit den Informationen aus dem Text.

a Hanna M. hat einen Informationsdienst abonniert, weil ....

....

b Katharina H. hat über persönliche Kontakte gesucht, weil ....

....

c Henri S. hat ein Praktikum gemacht, weil ....

....

4 Welche Art, eine Stelle zu finden, gefällt Ihnen am besten? Warum?

5 Suchen Sie die folgenden Wörter und Wendungen (1-5) im Text und ordnen Sie die passenden Erklärungen (a-e) zu.

1 der Stellenmarkt	a	Der Arbeitsvertrag gilt nicht nur für ein paar Monate.
2 der Anzeigen-Dschungel	b	Bekannte und Freunde helfen bei der Arbeitssuche.
3 Stellenanzeigen auswerten	c	Dort werden Stellen angeboten und gesucht.
4 Netzwerke nutzen	d	Das bedeutet: Stellen nach Beruf, Anforderung und Qualifikation zu sortieren.
5 ein festes Arbeitsverhältnis	e	Es ist schwer, sich bei so vielen Anzeigen zu orientieren.

Schritte plus im Beruf

Niveau B1/1

Der (richtige?) Weg in die Selbstständigkeit

1 Selbstständig sein: Welche Vorteile, welche Nachteile sehen Sie? Sprechen Sie.

Ein großer Vorteil ist doch, dass man keinen Chef hat.

Aber was ist, wenn man krank wird?

2 Arbeiten Sie mit Ihrer Partnerin / Ihrem Partner. Was bedeuten die Wörter und Wendungen? Erklären Sie. Die Ausdrücke helfen Ihnen dabei.

- Menschen mit Migrationshintergrund
- der/die Existenzgründer/in
- die Unabhängigkeit
- sein eigener Chef sein
- der/die Migrant/in
- der Arbeitsmarkt
- die Beratungsstelle

das Ausland • Staatsbürger ausländischer Herkunft • eine Firma gründen
in einem Land leben / geboren sein • die Berufswelt • das Angebot und die Nachfrage
die Arbeitskraft • ein Geschäft eröffnen • für Angestellte Verantwortung tragen
selbst entscheiden • die Einrichtung • Rat und Hilfe

*Ein **Existenzgründer** ist jemand, der eine Firma gründet oder ein eigenes Geschäft eröffnet.*

*Den Ausdruck **Menschen mit Migrationshintergrund** liest man oft in der Zeitung. Sind das nicht Personen, die nicht da leben, wo sie geboren sind?*

3 Lesen Sie den Text und ergänzen Sie: In welchem Abschnitt steht das?

☐ Eine erfolgreiche Existenzgründung ist nicht nur für den Unternehmer gut, sondern auch für die Leute, die deswegen eine neue Stelle finden.

☐ Das Internet ist ideal, um einen ersten Überblick zum Thema Selbstständigkeit zu bekommen.

☐ Manche Menschen realisieren mit der Existenzgründung einen Traum. Für andere ist die Selbstständigkeit eine neue Chance auf dem Arbeitsmarkt.

☐ Die Zahl der Existenzgründer mit Migrationshintergrund steigt. Sie bewerten die Selbstständigkeit oft sehr positiv.

☐ Viele neue Firmen müssen bald wieder zumachen. Denn obwohl es viele Beratungsmöglichkeiten gibt, holen sich die Gründer oft nicht die richtige Hilfe.

☐ Gerade junge Leute mit Migrationshintergrund haben häufig ganz neue Geschäftsideen.

Schritte plus im Beruf

Niveau B1/1

Der (richtige?) Weg in die Selbstständigkeit

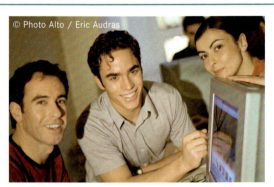

„Sein eigener Chef sein" – wer will das nicht? Immer mehr Menschen erfüllen sich diesen Wunsch nach Unabhängigkeit, um aus den eigenen Ideen Geld zu machen. Viele werden jedoch auch aus der Not heraus Existenzgründer. Zum Beispiel die Übersetzerin Andrea Meier: „Ich hatte meine Stelle verloren. Wegen meiner ziemlich schlechten Chancen auf dem Arbeitsmarkt musste ich mich selbstständig machen. Manchmal muss man einfach etwas riskieren[1], damit es wieder weiter geht. Meine Rettung war die finanzielle Unterstützung, die ich vom Arbeitsamt bekommen habe!"

In Deutschland sind über 10 Prozent der Berufstätigen selbstständig. Und es werden mehr. Denn auch Menschen mit Migrationshintergrund entscheiden sich immer öfter dazu, eine Firma zu gründen. Schon jetzt ist hierzulande jeder 10. Existenzgründer ausländischer Herkunft. Diese große Zahl hat unterschiedliche Gründe: Migranten haben oft mehr Mut und machen sich schneller und früher selbstständig als Nicht-Migranten. Außerdem genießt die Selbstständigkeit bei ihnen größeres Ansehen[2]. In anderen Fällen ist es wie bei Andrea Meier. Auch für Migranten ist die Existenzgründung manchmal der einzige Weg, nicht mehr arbeitslos zu sein.

Viele kennen ausländische Existenzgründer vor allem aus den Branchen Handel und Gastronomie. Es werden aber auch viele neue Firmen im Dienstleistungsbereich gegründet. Oft sind es jüngere Migranten, die sich mit innovativen[3] Dienstleistungen selbstständig machen. Zu diesem neuen Gründertyp gehört zum Beispiel Hakan Akun, der vor einigen Jahren einen Telekommunikations- und Internet-Service in München gründete.

Leider haben nicht alle Existenzgründer Erfolg, viele müssen ihre Firma oder ihr Geschäft schon im ersten Jahr wieder schließen. Das passiert besonders dann, wenn Gründer am Anfang nicht die richtige Hilfe bekommen. Trotz des großen Informationsangebots in Medien und durch öffentliche Beratungsstellen holen sich gerade Menschen, die aus dem Ausland stammen, oft nur bei Familie, Freunden und Bekannten Hilfe, Rat und Geld. Häufig wird auf öffentliche Finanzierungshilfen verzichtet: Verwandte geben das nötige Geld und arbeiten in der Firma mit.

Tipps zur Existenzgründung findet man leicht im Internet. So informiert das Bundesministerium für Wirtschaft und Technologie unter www.existenzgruender.de zu sämtlichen Bereichen des Themas. Auch die Berliner Gründerberatung LOK (www.lok-berlin.de) hat ein breites Beratungsangebot. Sie hilft allen, die sich selbstständig machen wollen, vor, während und nach der Existenzgründung. Hier holten sich auch die jungen Computerexperten Robert Schmidt und Emre Aydin Rat. Ein Freund hatte ihnen von LOK erzählt: „Hätten wir uns bloß früher bei LOK informiert! Die haben uns geholfen, andere von unserer Geschäftsidee zu überzeugen und einen Businessplan[4] zu erstellen. Wir haben erfahren, welche Finanzierungs- und Beratungshilfen es gibt, was wir vor der Gründung erledigen müssen, welche Dokumente und Versicherungen wir brauchen, welche Steuern wir zahlen müssen und so weiter."

Wer erfolgreich eine Firma gründen will, der sollte sich also genug Zeit für die Vorbereitung nehmen, um alle wichtigen Beratungs- und Finanzierungsmöglichkeiten zu nutzen. Denn wenn Firmengründungen Erfolg haben, finden auch mehr Menschen Arbeit. So haben allein Existenzgründer ausländischer Herkunft in Deutschland rund 2 Millionen neue Arbeitsplätze geschaffen und damit anderen geholfen, hier ihren „Lebensmittelpunkt" zu finden.

(Nach DIE ZEIT: Gekommen, um zu gründen. Von Sabrina Ebitsch; www.existenzgruender.de; www.lok-berlin.de)

---

1 etwas riskieren, riskierte, hat riskiert: ein Risiko eingehen
2 größeres Ansehen genießen: mehr geachtet oder respektiert werden, größere Geltung haben
3 innovativ: neu, fortschrittlich
4 Businessplan der, -̈e: ein Plan, der ein unternehmerisches Vorhaben beschreibt

Schritte plus im Beruf

Niveau B1/1

Der (richtige?) Weg in die Selbstständigkeit

4 Lesen Sie die Fragen. Lesen Sie dann den Text noch einmal und markieren Sie die Antworten. Sprechen Sie dann im Kurs.

a Warum machen sich viele Menschen selbstständig?
b In welchen Branchen findet man viele Selbstständige ausländischer Herkunft?
c Was kann man tun, bevor man sich selbstständig macht?
d Welche Informationen bekommen Existenzgründer von den Beratungsstellen?

5 Gibt es in Ihrem Land Produkte oder Dienstleistungen, die es im deutschsprachigen Raum (noch) nicht gibt? Arbeiten Sie mit einer Partnerin / einem Partner und sprechen Sie über Ihre Geschäftsidee.

Schritte plus im Beruf

Niveau B1/1

Auf Umwegen zum Ziel: Hilft ein Praktikum, eine Stelle zu finden?

**1 Warum ist es gut, ein Praktikum zu machen? Sprechen Sie.
Die Redemittel helfen Ihnen dabei.**

Praktikanten gesucht!

Möchten Sie
- vielleicht eine neue Stelle finden?
- sich beruflich (neu) orientieren?
- Berufserfahrung sammeln?
- Neues lernen?
- Gelerntes üben?
- die Arbeitswelt kennenlernen?
- ...?

Dann machen Sie ein Praktikum bei uns!

Man macht ein Praktikum, damit ... .
Ein Praktikum lohnt sich, um ... zu ... .
Es ist gut, während oder nach der Ausbildung / dem Studium ein Praktikum zu machen, weil ... .
Man macht ein Praktikum nicht nur, um ... zu ... , sondern auch, um ... zu ... .
Ein Praktikum kann sehr interessant sein, wenn ... .
Ein Praktikum bietet einem die Möglichkeit, ...

2 Lesen Sie den Text: Welche Antwort gibt der Text auf die Frage in der Überschrift?

Hilft ein Praktikum, eine Stelle zu finden?

Man hat es immer wieder in den Medien gelesen und gehört: Wenn man eine Stelle sucht, hilft es kaum, ein Praktikum zu machen. Denn oft setzen Firmen Praktikanten nur als billige Arbeitskräfte ein, ohne ihnen eine Chance auf einen festen Arbeitsplatz zu geben. Aber stimmt das wirklich? Sind Praktika tatsächlich so schlecht und aussichtslos? Neue Zahlen zeigen, dass in den letzen Jahren hierzulande immerhin 300000 offene Stellen mit ehemaligen Praktikanten besetzt worden sind.[1] Mit anderen Worten: 300000 Menschen haben eine Stelle gefunden, weil sie ein Praktikum gemacht haben.

Damit man seinem Ziel, nach einem Praktikum eingestellt zu werden, näher kommt, sollte man allerdings einige Dinge beachten:

1) Es empfiehlt sich, als Praktikant ein eigenes Projekt zu betreuen. Denn nur so kann man zeigen, dass man bereit ist, Verantwortung zu übernehmen und eine Aufgabe von Anfang bis Ende zu lösen.

2) Natürlich braucht jede Praktikantin und jeder Praktikant Hilfe und Unterstützung von den Kolleginnen und Kollegen. Trotzdem sollte man versuchen, während seines Praktikums möglichst selbstständig zu arbeiten. Nur so sehen die anderen, dass man ein „Gewinn" für die Firma oder für das Team ist.

3) Um ein Projekt übernehmen und selbstständig arbeiten zu können, braucht man Zeit. Deshalb sollte ein Praktikum nicht zu kurz sein. Eine Dauer von zwei bis drei Monaten ist gut. So hat man die Möglichkeit, sich einzuarbeiten[2] und nach einer bestimmten Zeit effektiv mitzuarbeiten.

4) Voraussetzung für ein gutes Praktikum ist es auch, dass mindestens ein Mitarbeiter der Firma für den Praktikanten verantwortlich ist: Es sollte also unbedingt einen festen Ansprechpartner für den Praktikanten geben, der diesen betreut und Fragen zuverlässig beantwortet.

---
1 Genaue Zahlen und Jahresangaben findet man unter www.doku.iab.de.
2 sich einarbeiten, hat sich eingearbeitet: das lernen, was man an seinem neuen Arbeitsplatz können muss

Schritte plus im Beruf

Niveau B1/1

Auf Umwegen zum Ziel: Hilft ein Praktikum, eine Stelle zu finden?

5) Wer ein Praktikum macht, möchte vor allem Berufserfahrung sammeln. Der Verdienst ist also nicht das Wichtigste dabei. Trotzdem sollte ein Praktikant aber bezahlt werden und die Bezahlung sollte fair[3] sein. Am besten erkundigt man sich vor dem Praktikum, welche Bezahlung in der Branche üblich ist.

Praktika, das zeigt übrigens der Bericht auch, helfen nicht nur jungen Leuten beim Berufseinstieg. Auch für die 30- bis 40-Jährigen, die schon berufstätig waren und sich neu orientieren müssen oder möchten, weil sie ihre Stelle verloren haben oder den Arbeitsplatz wechseln wollen, bieten sie eine gute Chance: Fast die Hälfte der ehemaligen Praktikanten, die eine Stelle bekamen, waren zwischen 31 und 40 Jahre alt.

Obwohl man in den Medien oft das Gegenteil gelesen hat, können Praktika also durchaus sinnvoll sein. Man sollte allerdings aufpassen, dass man nicht zu viele davon macht: Zwei bis drei Praktika sind genug, um sich beruflich zu orientieren, erste Berufserfahrungen zu sammeln und diese dann zu vertiefen.

(Quellen: http://www.bmas.de (Generation Praktikum), http://www.zeit.de (Praktikantenumfrage), http://doku.iab.de)

---

[3] fair: wenn etwas den Regeln entspricht

3 Was ist richtig? Kreuzen Sie an.

		richtig
a	Ein Praktikum ist nicht nur für ganz junge Leute gut.	☐
b	Man sollte so viele Praktika wie möglich machen.	☐
c	Das Unternehmen sollte dafür sorgen, dass sich ein Mitarbeiter um den Praktikanten kümmert.	☐
d	Praktikanten sollten nur wenige Fragen stellen.	☐
e	Manchmal wird man nach dem Praktikum eingestellt.	☐
f	Ein Praktikum sollte möglichst lang dauern.	☐
g	Es ist ideal, wenn man im Praktikum ein eigenes Projekt betreut.	☐

4 Der Text enthält fünf Tipps, wie ein Praktikum zum Erfolg führen kann. Wie werden die Tipps begründet? Kreuzen Sie an.

1 Wenn ein Praktikant ein eigenes Projekt betreut,

a ☐ kann er zeigen, dass er schon alles kann.

b ☐ übernimmt er Verantwortung und zeigt, dass er eine Aufgabe zu Ende führen kann.

c ☐ kann er aus Fehlern lernen.

Schritte plus im Beruf

Niveau B1/1

Auf Umwegen zum Ziel: Hilft ein Praktikum, eine Stelle zu finden?

2 Ein Praktikant sollte selbstständig arbeiten, um zu zeigen, dass
a ☐ er den Kollegen keine Arbeit macht.
b ☐ er sich von anderen nichts sagen lässt.
c ☐ er dem Unternehmen nützt.

3 Es ist ideal, wenn ein Praktikum zwei bis drei Monate dauert, denn dann
a ☐ kann man sich gut einarbeiten und effektiv mitarbeiten.
b ☐ ist auch ein sehr unordentliches Büro aufgeräumt.
c ☐ hat man alle Abteilungen kennengelernt.

4 Ein Praktikant braucht einen festen Ansprechpartner,
a ☐ der ihn den Kollegen vorstellt.
b ☐ der ihn betreut und bei Fragen weiterhilft.
c ☐ für den er Hilfsarbeiten erledigen kann.

5 Der Praktikant verdient eine faire Bezahlung,
a ☐ wie sie in der Branche üblich ist.
b ☐ wie sie seiner Leistung entspricht.
c ☐ wie sie sich die Firma gerade leisten kann.

5 Haben Sie schon einmal ein Praktikum oder Praktika gemacht? Wann, wo und bei wem? Erzählen Sie.

Schritte plus **im Beruf**

Niveau B 1 / 1

Das starke Geschlecht? Warum Männer kürzer leben als Frauen

1. Machen Sie eine Umfrage zum Thema Gesundheit.
   Wer lebt gesünder: die weiblichen oder die männlichen Kursteilnehmer?

   Obst und Gemüse?   Fleisch?   Alkohol?   Zigaretten?

   Sport oder Bewegung an der frischen Luft?   Vorsorgeuntersuchungen?

2. Lesen Sie den Text Abschnitt für Abschnitt. Fassen Sie die Hauptidee jedes Abschnitts in einem Satz zusammen. Notieren Sie diesen Satz rechts.

Das starke Geschlecht?
Warum Männer kürzer leben als Frauen

1 „Das schwache Geschlecht" ist ein veralteter Begriff. Trotzdem braucht man eigentlich nicht zu erklären, wer das ist: die Frauen natürlich. Aber sind Frauen tatsächlich das schwache Geschlecht? Neuere Daten zur Gesundheit und Lebenserwartung[1] behaupten das Gegenteil: Denn
5 in 186 von 191 Ländern auf der Welt sterben Männer früher als Frauen. Auch hierzulande ist das so: Während Frauen durchschnittlich ungefähr 82 Jahre alt werden, werden Männer „nur" 76 Jahre. Ist das schwache Geschlecht also nicht eher das starke Geschlecht und das starke Geschlecht das schwache?

10 Männer, das zeigen verschiedene Untersuchungen, leben ungesünder und gefährlicher als Frauen. Dafür gibt es viele Gründe. Manche liegen schon in der Kindheit. Denn besonders die Jungen hören von den Erwachsenen oft Sätze wie *Nimm dir noch etwas, damit du groß und stark
15 wirst!* und *Ein Indianer kennt keinen Schmerz.* Ist es dann nicht normal, dass Männer später mehr essen, häufiger Übergewicht haben und nur dann zum Arzt gehen, wenn sie sich verletzt haben oder schon krank sind?

Mädchen und Frauen sprechen oft mit ihren Müttern,
20 Freundinnen und Partnern über ihre Gesundheit und über gesundheitliche Probleme. Schon als Jugendliche gehen sie regelmäßig zu Vorsorgeuntersuchungen. Wenn Frauen dann Kinder bekommen, gehören Arztbesuche zu ihrem Alltag. Bei den Männern ist das anders. Viele finden, dass Gesprä-
25 che über Gesundheit und Arztbesuche „unmännlich" sind. Als starker „Marlboro-Typ", der sie sein wollen und oft auch sein sollen, darf man schließlich keine Schwächen zeigen.

---

[1] Lebenserwartung die: die Zahl der Jahre, die Menschen durchschnittlich leben

Schritte plus im Beruf

Niveau B 1/1

Das starke Geschlecht? Warum Männer kürzer leben als Frauen

Das will auch die Gesellschaft so: Wenn Männer sich in der Arbeit krankmelden, reagieren die Vorgesetzten meistens sehr viel weniger verständnisvoll[2] als sie das bei Frauen tun, die wegen Krankheit zu Hause bleiben. Darum reduzieren gerade berufstätige Männer ihre Arztbesuche, um Ärger mit dem Chef zu vermeiden und ihren Arbeitsplatz nicht in Gefahr zu bringen. Sie arbeiten auch dann, wenn es ihnen nicht gut geht und legen sich erst ins Bett, wenn es eigentlich schon zu spät ist. Zwar sind Männer seltener krank als Frauen, dafür aber länger.

Um das Gesundheitsbewusstsein von Männern zu fördern und ihnen mehr Möglichkeiten für Gespräche mit Ärzten zu geben, wird zurzeit vieles getan: Ärzte haben zum Beispiel damit begonnen, in Firmen und Betriebe zu kommen und Sprechstunden am Arbeitsplatz anzubieten. Sie berichten, dass diese Termine ganz schnell ausgebucht sind. Das zeigt, dass Männer sich sehr wohl für ihre Gesundheit interessieren, aber im Alltag einfach zu wenig Zeit dafür haben.

Außerdem entstehen in immer mehr Städten im deutschen Sprachraum Zentren für Männergesundheit, die sich auf typische Männerkrankheiten und ihre Behandlung spezialisiert haben. Das Ziel dabei ist klar: Es soll einmal so werden wie bei den Männern und Frauen, die sich für ein Leben im Kloster entschieden haben: Interessanterweise leben Mönche nämlich anscheinend fast genauso lange wie Nonnen. Haben Sie vielleicht eine Idee, warum das so ist?

---
2 verständnisvoll (sein): Eine Person, die andere Menschen versteht, nennt man verständnisvoll.

(Nach DIE ZEIT: „Der Eva-Faktor" von Harro Albrecht)

3 Fassen Sie den Text mündlich in sechs Sätzen zusammen. Ihre Notizen und die Redemittel helfen Ihnen dabei.

Im ersten / zweiten / dritten / … Abschnitt geht es darum,
Der erste / zweite / … Abschnitt handelt / spricht davon,
Die Hauptidee des ersten / zweiten / … Abschnitts ist,
Das Thema des ersten / zweiten / … Abschnitts ist,

dass … .

Schritte plus im Beruf

Niveau B1/1

Das starke Geschlecht? Warum Männer kürzer leben als Frauen

4 „Ein Indianer kennt keinen Schmerz". Was bedeutet das?
   Gibt es in Ihrer Sprache eine ähnliche Redewendung? Sprechen Sie.

5 Warum werden Mönche so alt? Versuchen Sie, die Frage zu beantworten.

> ruhiges Leben • gesundes Essen • weniger Stress und Sorgen • wenig Alkohol
> regelmäßiger Tagesablauf • Glauben und Gebete • Leben in einer Gemeinschaft bzw. mit
> Leuten, die dasselbe denken und glauben • wenig Nikotin

Nun, ich vermute, dass das ruhige Leben im Kloster gut für die Gesundheit ist.

Schritte plus im Beruf

Niveau B1/2

Leistungsbereit und belastbar: Was bedeuten diese Wörter in Stellenanzeigen eigentlich?

1 Was ist wichtig, um im Beruf Erfolg zu haben? Sammeln Sie.
Denken Sie dabei auch an Ihren (Wunsch-)Beruf.

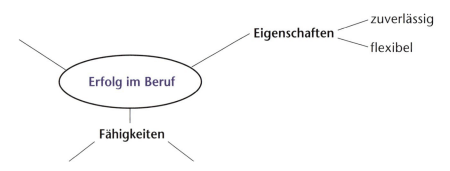

2 Arbeiten Sie in der Gruppe. Welche Wörter stecken in *leistungsbereit*, *belastbar*, *teamfähig* und *kommunikationsfähig* und was bedeuten sie wohl?

In *leistungsbereit* stecken die Wörter *Leistung* und *bereit*. Eine Person ist *leistungsbereit*, wenn sie bereit ist, viel zu leisten, also viel arbeiten kann und will.

3 Lesen Sie den Text und ergänzen Sie die Tabelle.

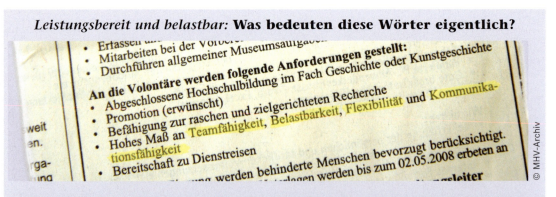

Leistungsbereit und belastbar: Was bedeuten diese Wörter eigentlich?

Anja und ihr Freund Manuel sind auf Arbeitssuche und studieren schon seit einiger Zeit die Stellenanzeigen in Zeitungen und in Jobbörsen. Immer wieder lesen sie in den Stellenangeboten, dass die Bewerber *leistungsbereit*, *belastbar*, *teamfähig* und *kommunikationsfähig* sein sollen. Anja und Manuel kennen diese Wörter zwar, aber
5 sie wissen nicht ganz genau, was sie bedeuten und warum gerade diese Eigenschaften im Beruf so wichtig sind. Nach einem Gespräch mit einem Berufsberater haben die beiden mehr darüber erfahren:

– 42 –

Schritte plus im Beruf

Niveau B1/2

Leistungsbereit und belastbar: Was bedeuten diese Wörter in Stellenanzeigen eigentlich?

(1) Leistungsbereit

Man muss abends nicht immer als Letzter das Büro verlassen oder einen vollgepackten Arbeitsplatz haben. Aber man sollte bereit sein, selbstständig zu arbeiten, neue Aufgaben zu übernehmen und dafür auch einmal mehr Zeit zu investieren. Wenn die Chefin oder der Chef mit einem neuen Projekt kommt, sollte man also nicht sofort sagen: *Das ist nicht meine Aufgabe!* oder warten, bis sie/er sagt, was genau zu tun ist. Leistungsbereit heißt, offen für neue Aufgaben zu sein und sich weiterzuentwickeln. Dazu muss man sich eigene Ziele setzen und diese Ziele auch erreichen wollen. Manchmal bedeutet das, eine Zeitlang etwas mehr arbeiten oder eine Fortbildung machen zu müssen.

(2) Belastbar

Es gibt Momente, da passiert alles auf einmal: Jemand braucht dringend eine Auskunft, man selbst spricht gerade mit einem Kunden, das Telefon klingelt und draußen wartet eine Kollegin auf ein Gespräch. Außerdem beginnt in einer halben Stunde eine Teambesprechung, für die noch Papiere kopiert werden müssen. Wer belastbar ist, verliert in solchen Situationen nicht den Überblick und erledigt trotz Termindruck alle Aufgaben zuverlässig und gut. Das bedeutet, dass man Prioritäten setzen kann, also entscheidet: Welche Aufgaben sind am wichtigsten, welche können warten? Was muss zuerst gemacht werden, was hat noch etwas Zeit? Manchmal muss man aber auch damit zurechtkommen, dass gar nichts Aufregendes passiert und nur Routinearbeiten erledigt werden müssen wie Regale einräumen, Rechnungen abheften oder Ähnliches. Auch das heißt: belastbar sein.

(3) Teamfähig

Wer in einem Orchester spielt, Mannschaftssport macht oder in der Gemeinde Spiele-Nachmittage für Kinder organisiert, kennt sich mit Teamarbeit aus. Wichtig ist das gemeinsame Ziel, das man im Team bzw. in der Gruppe erreichen möchte. Es kommt also vor allem darauf an, sich zu integrieren und sich an Absprachen mit den anderen zu halten. Teamspieler wissen, dass sie wichtig sind, weil sie ganz spezielle Aufgaben haben. Aber sie wissen auch, dass ein Erfolg keine Einzelleistung, sondern der Erfolg der ganzen Gruppe ist. Wer teamfähig ist, lässt sich gerne helfen, hilft aber genauso gerne auch den anderen.

(4) Kommunikationsfähig

Jemand telefoniert gerne, findet auf Partys schnell Kontakt und redet ständig: Ist diese Person dann kommunikationsfähig? Nicht unbedingt. Kommunikationsfähig sind Personen, die sowohl sagen können, was sie selbst wollen, als auch verstehen, was andere möchten. Es geht also darum, anderen seine Wünsche und Vorstellungen verständlich zu machen und gleichzeitig die Wünsche und Vorstellungen der anderen zu verstehen. Dazu muss man gut zuhören können, Verständnis für andere haben und taktvoll sein – und zwar im Umgang mit allen: mit Kollegen, Untergebenen, Vorgesetzten und mit Kunden. Kommunikationsstärke zeigt sich besonders auch dann, wenn es schwierig wird und Konflikte gibt: Denn eine kommunikationsfähige Person kann Kompromisse machen und somit auch leichter Probleme lösen.

(Quellen: Bundesinstitut für Berufsbildung www.bibb.de;
Hochschulanzeiger der Frankfurter Allgemeinen
Zeitung www.faz.net)

Schritte plus im Beruf

Niveau B1/2

Leistungsbereit und belastbar: Was bedeuten diese Wörter in Stellenanzeigen eigentlich?

Eigenschaft	Was bedeutet das?	Was bedeutet das nicht?
leistungsbereit	mehr arbeiten Aufgaben übernehmen selbstständig arbeiten sich eigene Ziele setzen sich weiterentwickeln Neues lernen	als Letzter gehen voller Arbeitsplatz abwarten
belastbar		
teamfähig		
kommunikationsfähig		

Schritte plus im Beruf Niveau B1/2

Leistungsbereit und belastbar: Was bedeuten diese Wörter in Stellenanzeigen eigentlich?

4 Lesen Sie die vier Situationen. Welche Eigenschaft brauchen die Personen? Kreuzen Sie an und überlegen Sie, warum gerade diese Eigenschaft wichtig ist.
(Es sind auch mehrere Kreuze möglich.)

	leistungsbereit	belastbar	teamfähig	kommunikationsfähig
a Frau Sigbert und Frau Mahler überlegen, wie sie ihrer Kollegin am besten klar machen, dass sie Briefe immer falsch ablegt und sie dann niemand mehr findet.	☐	☐	☐	☐
b Die Firma baut die Geschäftsverbindungen nach Dänemark aus. Margit spricht Dänisch und überlegt, ob sie ihrem Chef das sagen soll.	☐	☐	☐	☐
c Seit zwei Wochen ist Norbert Kern in der neuen Abteilung. Bisher musste er eigentlich nur kopieren. So hatte er sich die neue Arbeit nicht vorgestellt.	☐	☐	☐	☐
d Es gibt am Abend überraschend eine Besprechung. Dafür soll Hannes S. noch Unterlagen zusammenstellen und außerdem auch während der Besprechung im Büro bleiben. Er wollte eigentlich mit seiner Freundin ins Kino gehen.	☐	☐	☐	☐
e Es sind nur noch zwei Tage bis zu einer wichtigen Präsentation. Heute sollen die Mappen und die Folien fertig werden. Katrin sollte sich um die Fotos kümmern. Sie hatte aber noch andere Dinge zu erledigen und ist nicht dazu gekommen.	☐	☐	☐	☐

Schritte plus im Beruf

Niveau B1/2

Aufschwung oder Abschwung: Fachkräfte werden immer gesucht

1 Aufschwung oder Abschwung? Welche Grafik passt zu welchem Wort? Ergänzen Sie.

_____   _____

2 Welche Folgen hat ein Aufschwung, welche Folgen hat ein Abschwung? Sprechen Sie.

es gibt wieder mehr ≠ weniger
wachsen ≠ schrumpfen
steigen ≠ sinken
zunehmen ≠ abnehmen
Gewinne machen ≠ Verluste machen

3 Lesen Sie den Text und ergänzen Sie: Wo steht das?

a Bei einem Aufschwung haben einige Branchen   Zeile ____ bis Zeile ____
   Personal-Probleme, weil sie nicht genug Fachkräfte finden.

b Wenn hier mehr qualifizierte Arbeitskräfte aus dem   Zeile ____ bis Zeile ____
   Ausland arbeiten könnten, würde es das Problem
   des Fachkräfte-Mangels vielleicht nicht geben.

c Viele Firmen stellen keine Arbeitskräfte   Zeile ____ bis Zeile ____
   aus dem Ausland ein, weil ihnen das zu teuer ist.

d Damit junge Leute später technische oder   Zeile ____ bis Zeile ____
   naturwissenschaftliche Berufe wählen, müssen sie schon
   in der Schule Fächer wie Mathematik, Informatik,
   Naturwissenschaft und Technik haben.

e Um Mädchen für technische Berufe zu interessieren,   Zeile ____ bis Zeile ____
   gibt es bei vielen Firmen sogenannte „Girls' Days".

Schritte plus im Beruf

Niveau B1/2

Aufschwung oder Abschwung: Fachkräfte werden immer gesucht

Aufschwung oder Abschwung: Fachkräfte[1] werden immer gesucht

Bei einem Aufschwung sind die Zahlen gut: Die Wirtschaft wächst, die Unternehmen machen Gewinne und in vielen Branchen gibt es mehr Aufträge. Auch die Lage am Arbeitsmarkt entspannt sich: Die Zahl der Arbeitslosen sinkt, weil viele Firmen neue Arbeitskräfte einstellen, um die wachsende Zahl an Aufträgen erfüllen zu können. Trotzdem haben dann einige Branchen hier Probleme: Sie können häufig ihre offenen Stellen nicht besetzen[2], weil es nicht genug Fachkräfte gibt: Es fehlen vor allem Werkzeugmacher, Elektriker und Schlosser, aber auch Ingenieure und IT-Spezialisten.

Das Problem des Fachkräfte-Mangels gibt es natürlich besonders während eines Aufschwungs, es existiert aber auch in Zeiten des Abschwungs. Eigentlich wäre das Problem schnell gelöst, wenn hier mehr gut ausgebildete Arbeitskräfte aus dem Ausland arbeiten dürften, findet das Institut der deutschen Wirtschaft. Doch das ist nicht so leicht, denn Unternehmen müssen hier einem sehr gut qualifizierten Arbeitnehmer aus dem Ausland zurzeit über 60 000 Euro Jahresgehalt bezahlen. Das ist für viele Firmen zu viel und so verzichten sie darauf, ausländische Arbeitnehmer anzuwerben[3] und einzustellen.

Um in Zukunft keinen Mangel an Fachkräften zu haben, will man sich wieder mehr um die jungen Leute kümmern. Damit diese sich für Ingenieur- oder andere technisch-naturwissenschaftliche Berufe entscheiden, müssen schon in der Schule die sogenannten MINT-Fächer, also Mathematik, Informatik, Naturwissenschaft und Technik, mehr und besser unterrichtet werden. Und damit gerade auch Mädchen ein Interesse an technischen Berufen entwickeln, veranstalten viele Firmen regelmäßig „Girls' Days": Das sind Tage, an denen Firmen Mädchen zu sich einladen, um ihnen technische und naturwissenschaftliche Berufe und Aufgaben vorzustellen und zu erklären.

1 Fachkraft die, -̈e: eine qualifizierte Arbeitskraft
2 eine offene Stelle besetzen: jemanden einstellen
3 anwerben, hat angeworben: hier: Arbeitskräfte aktiv suchen

(Quellen: Handelsblatt vom 20. April 2007, Süddeutsche Zeitung vom 28./29.April, Die ZEIT vom 6. Juni 07)

4 Welche Berufe sollte man in Ihrem Land wählen, wenn man gute Chancen auf dem Arbeitsmarkt haben möchte? Sprechen Sie.

Schritte plus im Beruf

Niveau B1/2

Immer mehr Firmen helfen bei der Lösung sozialer Probleme

1 Was bedeuten diese Nachrichten für das Leben der Menschen? Lesen Sie die Schlagzeilen und sprechen Sie.

Linzer Firma baut 1500 Stellen ab

Viele Schulabgänger noch ohne Ausbildungsplatz

Preise für Lebensmittel steigen weiter

Zu wenig Frauen im Chefsessel

Immer mehr KRANKENHÄUSER müssen schließen

> Wenn eine Firma Stellen abbaut, bedeutet das, dass viele Menschen ihren Arbeitsplatz verlieren und vielleicht arbeitslos werden.

> Wenn in der Zeitung steht, dass viele Schulabgänger noch keinen Ausbildungsplatz haben, dann heißt das wahrscheinlich, dass es zu wenig Ausbildungsplätze gibt. Für viele Schüler ist dann der Start in das Berufsleben schwierig.

2 Lesen Sie die Überschrift des Textes. Wovon handelt der Text? Sprechen Sie.

Engagement: Immer mehr Firmen helfen bei der Lösung sozialer Probleme

3 Lesen Sie den Text und ordnen Sie jedem Abschnitt eine Überschrift zu.
(Achtung: Nur vier Überschriften passen.)

Engagement schafft Arbeitsplätze
Engagement steigert Ansehen und Erfolg
Tanzen macht selbstbewusst

Viel Geld hilft!
Faire Preise für Produkte aus der Region
Die Gesellschaft braucht engagierte Unternehmen

Schritte plus im Beruf

Niveau B1/2

Immer mehr Firmen helfen bei der Lösung sozialer Probleme

Engagement:
Immer mehr Firmen helfen bei der Lösung sozialer Probleme

A _____

Zu wenig Ausbildungsplätze für junge Leute, zu viele Arbeitslose, schlechtere Chancen für Menschen mit Migrationshintergrund, die – vor allem für Frauen – immer noch schwierige Vereinbarkeit von Familie und Beruf, eine immer älter werdende Gesellschaft, steigende Gesundheitskosten, der Klimawandel und andere Umweltprobleme: Die Liste der gesellschaftlichen Probleme, die es hier gibt, ist lang. Viel Zeit und Geld sind nötig, um diese Probleme zu lösen. Der Staat aber kann dies allein nicht leisten. Darum ist es gut, wenn auch Firmen und Betriebe Verantwortung übernehmen und etwas für die Gesellschaft tun.

B _____

Und tatsächlich: Immer mehr Arbeitgeber zeigen gesellschaftliches Engagement[1], wie zum Beispiel eine kleine Tanzschule in Nürnberg: Sie bietet in einer Hauptschule kostenlosen Tanzunterricht an, damit die Schüler dort mehr Selbstbewusstsein entwickeln und Eigenschaften wie Teamfähigkeit, Zuverlässigkeit und Pünktlichkeit üben. Zusätzlich können die Schüler in einem Praktikum erste Berufserfahrungen sammeln. Das Engagement der Tanzschule zeigt auch schon Erfolge: Die Jugendlichen treten in Vorstellungsgesprächen viel freier und selbstbewusster auf und finden dadurch leichter einen Ausbildungsplatz.

C _____

Natürlich setzen sich Unternehmen auch deshalb für gesellschaftliche Probleme ein, weil es für sie selbst nützlich sein kann: So schuf ein Unternehmer[2] in einer Kleinstadt in Franken zusammen mit den städtischen Behörden eine Kinderbetreuungseinrichtung, um qualifizierte Arbeitskräfte, besonders auch Frauen, anzulocken[3]. Auch hier funktionierte es: Weil sowohl die Stadt als auch der Arbeitgeber als familienfreundlich gelten, sind inzwischen viele gut ausgebildete junge Frauen und Männer mit ihren Kindern zugezogen[4]. Das schafft auch innerhalb der Kleinstadt bzw. der Region neue Arbeitsplätze: Denn je mehr Menschen in einer Gemeinde leben, desto mehr Geschäfte, Kindergärten, Schulen, Ärzte, Apotheken, Krankenhäuser und andere Einrichtungen werden dort gebraucht.

D _____

Firmen, die sich für mehr Bildung und Integration oder für einen besseren Umweltschutz engagieren und soziale Projekte fördern, werden immer beliebter. Vielleicht stellen auch deshalb immer mehr große Unternehmen ihr Geld, ihr Know-how, Sachspenden oder einfach nur ihre Zeit zur Verfügung: Sie wissen, dass ihnen ihr Engagement dabei helfen kann, gute Mitarbeiter, aber auch neue Kunden zu gewinnen. Schließlich werden viele Leute immer kritischer und geben ihr Geld lieber für Produkte und Dienstleistungen aus, die unter fairen Bedingungen entstanden sind. Vom Engagement über ein besseres Image zu mehr Erfolg – diesen Weg, so sieht es aus, wollen immer mehr Firmen gehen.

Quelle: www.unternehmen-fuer-die-region.de

---

1 Man spricht in diesem Zusammenhang von "Unternehmenssozialverantwortung".
2 Unternehmer der, -: eine Person, die eine Firma hat
3 anlocken, hat angelockt: hier: die Stadt für qualifizierte Arbeitskräfte attraktiv machen
4 zuziehen, ist zugezogen: neu in eine Stadt, in ein Dorf etc. ziehen
5 Image das: das Ansehen

Schritte plus im Beruf

Niveau B1/2

Immer mehr Firmen helfen bei der Lösung sozialer Probleme

4 Lesen Sie den Text noch einmal und ergänzen Sie die Sätze.

a Viel Zeit und Geld sind notwendig, um _____
_____ .

b Der Staat kann die gesellschaftlichen Probleme nicht allein lösen. Deshalb
_____ .

c In Nürnberg bekommen Hauptschüler Tanzunterricht, damit sie _____
_____ .

d Ein Unternehmer aus Franken hat sich für mehr Möglichkeiten zur Kinderbetreuung
eingesetzt, um _____
_____ .

e Soziales Engagement von Firmen kann auch neue Arbeitsplätze schaffen, denn je
mehr Menschen in einem Ort leben, desto _____
_____ .

f Viele Menschen finden es gut, wenn Firmen _____
_____ .

5 Gesellschaftliches Engagement hat viele Gesichter! Ordnen Sie zu: Welches Verb passt?

Geld für einen guten Zweck	unterstützen
sich für soziales Projekt	mitmachen
für eine bessere Zukunft	kämpfen
bei einer Aktion gegen Kinderarmut	tun
eine gute Sache finanziell	spenden
einem Verein / einer Organisation	beitreten
etwas für die Gemeinschaft	übernehmen
Verantwortung	einsetzen / engagieren

6 Engagiert sich Ihre Firma? Wie? Erzählen Sie.

Schritte plus **im Beruf**

Niveau B1/2

Je bunter, desto besser Mehr Chancen durch *Diversity Management*

1 Was passt? Ordnen Sie zu und sprechen Sie.

die Drogeriekette, -n — eine Drogerie mit vielen Filialen
Menschen mit Migrationshintergrund — Migranten
das Unternehmen, - — die Firma
die Belegschaft einer Firma — das Personal

> *Eine **Drogeriekette** ist ein großes Drogerieunternehmen, das viele Filialen in verschiedenen Stadtteilen oder Städten besitzt.*

2 Lesen Sie den Text. Ordnen Sie jedem Abschnitt eine Überschrift zu.

> Vielfalt macht Firmen erfolgreich • Was bedeutet *Diversity Management*?
> Immer weniger Geburten, nicht genug Fachkräfte • Kunden und Mitarbeiter sollen gut zusammenpassen

JE BUNTER, DESTO BESSER

Es scheint, als ob immer mehr Arbeitgeber Menschen einstellen, die früher keine so guten Chancen auf dem Arbeitsmarkt hatten: Frauen, ältere Menschen und Migranten. Eine Hamburger Drogeriekette wählt zum Beispiel ihre Mitarbeiter für ihre Filialen so aus, dass sie zur Kundschaft in dem Stadtteil, in dem die Filiale ist, passen: Sind dort viele Kunden türkischer Herkunft, gibt es auch mehr türkische Mitarbeiter. Hat man dort vor allem ältere Kunden, werden auch mehr ältere Mitarbeiter eingestellt. So machen es auch ein bekanntes skandinavisches Möbelhaus und eine Behörde in Berlin: Dort werden Auszubildende mit Migrationshintergrund gesucht, weil in der Stadt so viele Menschen nicht-deutscher Herkunft leben. Und diese, so findet man bei der Behörde, sollen dann auch von Angestellten mit ähnlichen Erfahrungen betreut werden.

Die Strategie, möglichst viele verschiedene Mitarbeiter – jüngere und ältere, mit und ohne Migrationshintergrund, Frauen und Männer – einzustellen, heißt *Diversity Management*, auf Deutsch *Vielfalts*[1]*-Management*. Die Strategie kommt aus den USA, wird aber auch im deutschen Sprachraum immer wichtiger: Eine Untersuchung zeigt, dass hierzulande schon 44 % der Unternehmen einen (oder mehrere) „Vielfalts-Manager" haben. Ihre Aufgabe ist es, dafür zu sorgen, dass das Personal genauso vielfältig wie die Bevölkerung im Land ist.

1 Vielfalt die (nur Sg.): Von Vielfalt spricht man, wenn es viele verschiedene Arten von Menschen, Blumen, Farben etc. gibt.

Schritte plus im Beruf

Niveau B1/2

Je bunter, desto besser Mehr Chancen durch *Diversity Management*

Damit möchte man zwei Dinge erreichen: Zum einen gibt man Menschen, die es früher schwer hatten, eine Stelle zu finden, mehr Chancen. Zum anderen hat man festgestellt, dass eine bunt gemischte Belegschaft kreativer arbeitet als eine nicht-gemischte und dass sich das auch wirtschaftlich lohnt:
25 Firmen und Geschäfte machen mehr Gewinn, weil sie und ihr „buntes" Personal leichter neue Kunden gewinnen, besser mit den vielen verschiedenen Kundentypen umgehen und mehr Kundenwünsche erfüllen können.

Es gibt aber auch noch einen anderen Grund, warum Unternehmen heute auch Menschen einstellen, die sie früher vielleicht nicht unbedingt ausgewählt hätten: Da im deutschen Sprachraum immer weniger Kinder zur Welt kommen, die Menschen gleichzeitig aber immer älter werden und viele Fachkräfte fehlen,
30 ist jedes Talent, ob jung oder alt, ausländischer oder nicht-ausländischer Herkunft, weiblich oder männlich, gefragt. Das *Vielfalts-Management* ist wegen der demographischen Entwicklung[2] hier also nicht nur eine Strategie, sondern auch eine Notwendigkeit[3].

---

2   die demographische Entwicklung: Wie entwickelt sich eine Gesellschaft? Wird sie älter, jünger? Werden es immer weniger Menschen in einem Land oder immer mehr? Das alles zeigt die demographische Entwicklung.
3   Notwendigkeit die: etwas, das man machen muss

3 Wo finden Sie diese Aussagen im Text? Ergänzen Sie.

a Heute finden Frauen, ältere Menschen und
   Menschen ausländischer Herkunft leichter
   eine Stelle als früher.   Zeile ___ bis Zeile ___

b Manche Ämter suchen Mitarbeiter
   mit Migrationshintergrund, weil viele ihrer Kunden
   einen Migrationshintergrund haben und diese so
   ihrer Meinung nach besser betreut werden können.   Zeile ___ bis Zeile ___

c Ein Ziel von *Diversity Management* ist es,
   möglichst viele unterschiedliche Mitarbeiter einzustellen.   Zeile ___ bis Zeile ___

d Menschen, die aus verschiedenen Ländern kommen und
   nicht gleich alt sind, arbeiten oft sehr erfolgreich zusammen.
   Firmen haben davon auch wirtschaftliche Vorteile.   Zeile ___ bis Zeile ___

e Weil im deutschen Sprachraum immer weniger Kinder
   geboren werden, wird es bald Probleme auf dem
   Arbeitsmarkt geben. Schon jetzt sucht man deshalb
   jede Fachkraft, egal welches Alter, welches Geschlecht
   oder welche Nationalität sie hat.   Zeile ___ bis Zeile ___

Schritte plus im Beruf

Niveau B1/2

Je bunter, desto besser Mehr Chancen durch *Diversity Management*

4 Sprechen Sie im Kurs.

Ist die Belegschaft in Ihrer Firma / Ihrem Betrieb bunt gemischt oder nicht?

Wie finden Sie das? Was könnte besser sein?

Wird in Ihrer Firma / Ihrem Betrieb darauf geachtet, dass Mitarbeiter und Kunden zusammenpassen?

Dort, wo ich arbeite, arbeiten sehr viele … .
Mir gefällt das sehr gut, weil … .
Ich würde mir wünschen, dass bei uns … .
Die meisten Kunden, die zu uns kommen, sind … .

Schritte plus im Beruf — Lösungen

zu Seite 4 bis Seite 5: Rauchverbot in Restaurants – was bedeutet das für die Tabakindustrie?

2

Foto 1: die Werbung, die Zigarettenmarke
Foto 2: der Aschenbecher
Foto 3: das Feuerzeug

3

	richtig	falsch
a In Österreich und in der Schweiz rauchen nicht so viele Menschen.		X
b Man darf im Rathaus nicht rauchen.	X	
c Ein Nikotin-Espresso ist ein Kaffee und eine Zigarette.		X
d Die Tabakindustrie findet das Rauchverbot nicht schlecht.	X	
e Raucher müssen jetzt schnell viel rauchen.		X
f Raucher-Räume sind gut für Zigarettenwerbung.	X	
g Im Kino darf man ab 18 Uhr rauchen.		X

4

a In Deutschland raucht jeder dritte Erwachsene und jeder fünfte Jugendliche.

b Raucher und Passivraucher werden oft krank.

c Auf Bahnhöfen, Flughäfen und Behörden, in Schulen und Krankenhäusern darf man nicht rauchen.

d Raucher dürfen auf der Straße und in Extra-Räumen rauchen.

e Die Tabakindustrie kann die Raucher-Räume mit Aschenbechern, Feuerzeugen, Lampen, Plakaten und Farbdesign gestalten.

f Im Radio und im Fernsehen, in Zeitungen und bis 18 Uhr im Kino ist Werbung für Zigaretten verboten.

Schritte plus im Beruf — Lösungen

zu Seite 6 bis Seite 7: Bergkäse oder Schafmilch-Joghurt: Wie Schweizer Bauern ihr Geld verdienen

1

a **Zum Beispiel:**
Kartoffeln, Milch, Joghurt, Käse, Quark und andere Milchprodukte, Eier, Fleisch- und Wurstwaren, Obst und Gemüse

b biologisch.

c

das Schaf, der Büffel, der Bison, der Strauß, das Lama

2

Viel Arbeit, wenig Lohn
Für Bauern ist das Leben nicht einfach: …

Bio ist beliebt
Das können Schweizer Bauern mit ihren kleinen Höfen nicht. Sie brauchen also besonders gute Produkte. Und so stellen viele Schweizer Bauern jetzt Berg- und Bioprodukte her: …

Neue Farben, neue Fleischsorten
Doch nicht alle Schweizer Landwirte leben von Bio- und Bergprodukten. Viele verdienen ihr Geld auch anders: Sie züchten und verkaufen ganz neue Produkte: …

Regional und / oder international
Ein Ziel, zwei Wege: Die Schweizer Bauern wollen Bauern bleiben …

3

a Die Schweizer Bauern arbeiten hart für wenig Geld. Sie haben hohe Kosten und können ihre Produkte nicht so billig verkaufen wie ihre Konkurrenten.
b Viele Schweizer Bauern produzieren Berg- und Bioprodukte oder züchten und verkaufen ganz neue Produkte wie gelbe Tomaten oder Fleisch von Lamas oder Bisons.
c Immer mehr Menschen finden gesundes Essen und eine gesunde Lebensweise wichtig.
d Heimische Produkte: Birnen, Joghurt, Kartoffeln, Rindfleisch, Schweinefleisch, …
Internationale Produkte: Lama- oder Straußenfleisch, Kiwis, Ananas, Avocados, …

Schritte plus im Beruf — Lösungen

zu Seite 8 bis Seite 9: Mehr Konkurrenz: Apotheken müssen besser werden

2

a	b	c	d	e	f
2	5	4	1	6	3

3

Bei allen / vielen / einigen / manchen Apotheken können Kunden …	Für die Kunden ist das gut, denn …
a Medikamente online bestellen.	sie müssen dann nicht aus dem Haus gehen.
b in einem Extra-Raum auch Sonderangebote finden.	dort sind die Preise für die Medikamente niedrig.
c Medikamente am Außenschalter kaufen.	sie müssen nicht aus dem Auto steigen. Das ist praktisch, besonders bei Regen oder Schnee. / keiner hört, welche Mittel man bestellt.
d bei der Produktion von Medikamenten zusehen.	sie können dabei viel lernen und erfahren.
e vom Apotheker Gesundheits-Tipps bekommen.	sie hören die Meinung von einem Spezialisten.

4

a Das Wort „Apotheke" kommt aus ☒ Griechenland.
b In Deutschland gibt es ungefähr ☒ 21000 Apotheken.
c Das bedeutet: Für ☒ ca. 3500 Einwohner gibt es eine Apotheke.
d In Europa hat im Jahr ☒ 1241 (zwölfhunderteinundvierzig) die erste Apotheke aufgemacht.
e Das war in ☒ Trier.

Schritte plus im Beruf — Lösungen

zu Seite 10 bis Seite 12: Drei Berufe kurz vorgestellt: Wer macht was, wo und womit?

2

	Was machen ...? (= Tätigkeiten)	Wo arbeiten ...? (= Arbeitsplatz)	Womit arbeiten ...? (= Arbeitsmittel)	Wie müssen ... sein? / Was müssen ... können? (= Eigenschaften / Fähigkeiten)
Bäcker	backen, Süßwaren und Eis herstellen, verkaufen, Maschinen und Geräte pflegen und sauber machen	in Bäckereien	mit verschiedenen Lebensmitteln, mit Geräten und Maschinen: Waagen, Rührmaschinen, Backofen, Backblech	robust, vorsichtig, müssen gute Ideen haben und kreativ sein
Reiseverkehrskaufleute	Reisen organisieren und verkaufen, Kunden über Reiseziele informieren, Kunden Ratschläge geben	in Reisebüros	mit dem Telefon, mit Prospekten und Katalogen und mit dem Computer	offen, freundlich, hilfsbereit, müssen gut mit Zahlen und Preisen umgehen können
Berufskraftfahrer	Busfahrer: Fahrkarten verkaufen und kontrollieren, Gästen Auskunft geben Berufskraftfahrer für Lkws: Güter und Produkte transportieren, Schreibarbeiten erledigen, Zollformulare ausfüllen, kleine Reparaturen selbst machen	Busfahrer: in Linien- oder Reisebussen Berufskraftfahrer für Lkws: in Lkws	mit Fahrzeugen, Gütern und Produkten	sehr vorsichtig, pünktlich, zuverlässig

Schritte plus im Beruf — Lösungen

zu Seite 13 bis Seite 15: Mehr Krippenplätze, mehr berufstätige Frauen?!

1

Gute Ausbildung, einfache Teilzeit-Tätigkeiten
Noch nie waren Frauen so gut ausgebildet wie heute: Sechs von zehn Hochschulabsolventen …

Kinder verändern die Karriere
Dabei haben Männer und Frauen heute die gleichen Chancen in Ausbildung und Beruf - bis sie etwa 30 Jahre alt sind. Doch wenn Frauen Kinder bekommen, ändert sich …

Pläne für mehr Kinderbetreuung
Beruf und Familie miteinander vereinbaren - das ist in Deutschland also zurzeit noch sehr schwierig. Die Situation soll aber bald besser werden.

Die Gewinner: familienfreundliche Firmen
Familienfreundlichkeit ist nicht nur für die Politik sehr wichtig, sondern auch für die Wirtschaft. Viele Mitarbeiterinnen kommen nach der Babypause wieder gerne an den Arbeitsplatz zurück, wenn …

2

1 In Deutschland gibt es heute
a sehr viele Frauen mit Universitätsabschluss.

2 Frauen und Männer haben am Anfang die gleichen Chancen in Ausbildung und Beruf. Das ändert sich für die Frauen, wenn
c sie Kinder bekommen und bei ihnen bleiben.

3 Frauen möchten Kinder haben und gleichzeitig weiter berufstätig sein. Das ist schwierig, denn
b in Deutschland gibt es nicht genug Kinderbetreuung.

4 Nach der Geburt von einem Kind gibt es Elterngeld. Eltern bekommen es für maximal 14 Monate, wenn
b der Vater das Kind zwei Monate betreut.

5 Auch für Firmen und Betriebe ist es wichtig, dass Mütter wieder an ihren Arbeitsplatz zurückkommen. Manche bieten flexible Arbeitsformen an, das heißt:
a Frauen können zu Hause arbeiten.

6 Wenn Mütter nach der Geburt eines Kindes bald wieder in die Arbeit kommen, ist das für eine Firma gut. Denn dann
c wechseln die Mitarbeiter nicht so oft.

Schritte plus im Beruf  Lösungen

zu Seite 16 bis Seite 17: Thema *Mindestlohn*

1

Ostdeutschland: Berlin Brandenburg, Sachsen-Anhalt, Sachsen, Mecklenburg-Vorpommern
Westdeutschland: Hamburg und Schleswig-Holstein, Nordrhein-Westfalen, Baden-Württemberg

2

In Westdeutschland verdient man mehr.

3

richtig:

Herr Sander verdient nicht viel.
Eine Million Berufstätige bekommen ihr Gehalt und Geld vom Staat.
Wirtschaftsexperten finden einen Mindestlohn nicht gut.
Man sucht eine Lösung für Leute wie Herrn Sander.

4

```
S F V G V R A X Q A K L
T H E R Z A R L F N C O
U Z R T U Y B N S G J H
N T D A R B E I T E N N
D W I G D Ö I E H S R E
E Q E M X Ä T D W T Z M
N P N I H L S R T E M P
L K E N R U L I O L P F
O L N D E F O G X L M Ä
H Ö D E N U S L Q T W N
N V A S X W I Ö L E N G
J A K T B R G H Ü Ä M E
W G E L D U K N P Y O R
S N L O K M E E N E F Q
D M U H I E I O W U K L
V G I N N T T Ö Y C V Ä
B E R U F S T Ä T I G E
```

zu Seite 18 bis Seite 19: Schnitzel aus dem Toaster: Wie Essgewohnheiten sich ändern

2

a Köche im Fernsehen kochen viel. Viele Menschen kochen hier nicht.
b Das Essen soll gut schmecken und gesund sein. Wichtig ist, dass man es schnell und einfach kochen kann, denn viele Leute arbeiten und haben wenig Zeit zum Kochen.
c Lebensmittel-Hersteller bieten Fertiggerichte an. Diese kann man auf einer Messe kennenlernen.
d Fertiggerichte muss man nicht kochen. Man muss sie nur warm machen und kann sie dann essen.

3

a Magazine schreiben regelmäßig über das Thema Essen.
b Immer mehr Menschen leben allein.
c Man braucht keine Töpfe zum Kochen.
d Das Schnitzel aus dem Toaster war besonders interessant und ungewöhnlich.

Schritte plus im Beruf

zu Seite 20 bis Seite 21: Warum Großraumbüros und Kaffeeküchen für die Arbeit wichtig sind

2

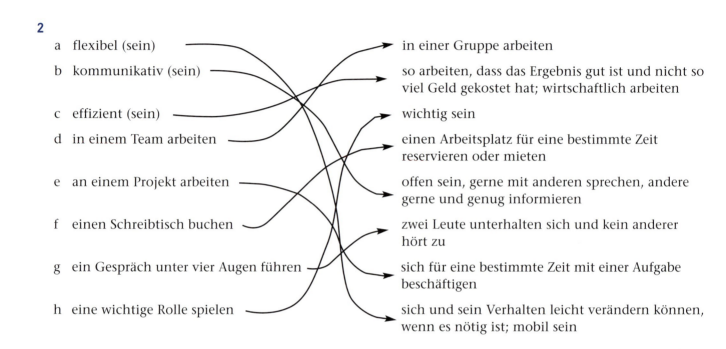

3

Richtig sind: a und c.

4

a Wenn man sich mit Kollegen unterhalten möchte, geht man am besten
b Lange Telefongespräche macht man
c Oft bekommt man neue Ideen in Gesprächen
d Alltägliche Aufgaben erledigt man
e Wenn man nachdenken muss und keine anderen Gespräche hören will, geht man
f Wenn ein Projekt zu Ende ist, dann kommt ein anderer Mitarbeiter

→ an den Schreibtisch im Großraumbüro.
→ am Schreibtisch im Großraumbüro.
→ in der „Denkerzelle".
→ in die „Denkerzelle".
→ in der Kaffeeküche.
→ in die Kaffeeküche.

Schritte plus im Beruf — Lösungen

zu Seite 22 bis Seite 24: Klimawandel – Autowandel

1

Das Auto fährt. Es verbraucht *Benzin*.
Benzin verbrennt. Es entsteht *Kohlendioxid* (CO_2).
Das Auto stößt CO_2 aus. Der durchschnittliche CO_2-*Ausstoß* ist in Deutschland 160 g/km.
CO_2 macht die *Atmosphäre* kaputt. Auf der Erde wird es wärmer.
Weil sich das *Klima* ändert, gibt es *Naturkatastrophen*.
Autos müssen *umweltfreundlicher* werden.

2

5	Autos sollen einen Ausweis bekommen. Dort steht etwas über ihren CO_2-Ausstoß.
1	Das Erfolgsrezept der Autohersteller war bisher „größer, stärker, schneller".
4	Für manche Leute ist der Klimaschutz nicht das Wichtigste beim Autokauf.
2	In Zukunft dürfen die Autos nicht mehr so viel Kohlendioxid ausstoßen.
1	Deutsche Automarken sind auf der ganzen Welt sehr beliebt.
4	Für das Hobby „schnell fahren" müssen Autofahrer in Zukunft mehr bezahlen.
3	Die deutsche Autoindustrie muss neue Technologien entwickeln.
5	Viele Umweltschützer möchten, dass die Politik noch mehr für den Klimaschutz macht.
3	Hybridautos sind teurer. Trotzdem interessieren sich viele Kunden dafür.
2	Autos müssen umweltfreundlicher werden.
3	Der Autoproduzent Toyota ist mit seinen Hybridmotoren zurzeit die Nummer 1.

3

Schritte plus im Beruf

Lösungen

zu Seite 25 bis Seite 26: Die Zukunft liegt bei 50 plus

1

Diese Angaben sind Circa-Angaben!
Kinder: ca. 1 - 13 Jahre; Jugendliche: 14 - 19 Jahre; junge Erwachsene: 20 - 30 Jahre; Erwachsene: 30 - 45 Jahre; Menschen in mittleren Jahren: 46 - 55 Jahre; ältere Menschen: 55 - 65 Jahre; Senioren: ab 65 Jahre; alte Menschen: ab 80 Jahre.

a

In Zukunft ist die Altersgruppe der über 60-Jährigen am stärksten.

2

Die Generation 50 plus	2
Was macht die Wirtschaft, wenn die Menschen älter werden?	1
Technische Verbesserungen von Produkten haben Erfolg	4
Erfolgreiche Angebote für die Generation 50 plus	3

3

Wie wird die Generation 50 plus beschrieben?	Was möchte sie?	Was bietet die Wirtschaft für sie an?
vital, aktiv, selbstbewusst, lebensfroh, gut informiert, sehr kritisch	gesund und jung bleiben, jung aussehen	Wellness-Urlaube, ein Kosmetikprogramm für die ältere Haut, Walking-Schuhe, technische Neuheiten bei Autos wie Einparkhilfen, höhere Sitze, niedrigere Kofferräume, Koffer auf Rollen

zu Seite 27 bis Seite 28: Auf leisen Rädern in die weite Welt

1b

a Das Produkt ist angeblich eine Erfindung aus Amerika. Sylvan N. Goldman, Besitzer von mehreren Supermärkten in Oklahoma, montierte 1937 unter seine Gartenstühle Rollen und erfand so den Einkaufswagen.
b Weil es in Supermärkten eng ist.
c Im deutschen Sprachraum gibt es den Einkaufswagen seit den 1950er Jahren.
d Lebensmittel, einen Getränkekasten, Kleidung etc.

2

geräumig, praktisch, leise, stabil, gut lenkbar, sicher.

3

ein bequem**er** Sitz für ein klein**es** Kind
ein praktisch**es** Münzpfandschloss zum Abschließen
viel Platz für groß**e** und schwere Getränkekästen
mit praktisch**em** Haken für Ihre Einkaufstasche
besonders leis**e** und gut fahrbar**e** Räder
mit geräumig**em** Korb für den groß**en** Einkauf
ein sicher**er**, stabil**er** und gut lenkbar**er** Wagen!

– 62 –

Schritte plus im Beruf  Lösungen

zu Seite 29 bis Seite 30: Mal schnell kurz weg – Städtereisen beliebt wie noch nie

2

- [C] Beliebte Reiseziele
- [B] Warum Leute gerne in Städte reisen
- [D] Wie manche Städte noch mehr Touristen gewinnen wollen
- [A] Immer mehr Städtereisen im Angebot

3

		richtig
a	Immer mehr Leute fahren in die Berge.	☐
b	Wenn man nicht viel Zeit hat, fährt man in eine Stadt.	☒
c	Besucher kommen dann, wenn es etwas Besonderes zu sehen gibt.	☒
d	Viele Menschen finden Großstädte attraktiv.	☒
e	Regensburg ist eine moderne Stadt.	☐
f	Nach Hamburg fährt man nur, weil es dort Musicals gibt.	☐

4

a Viele Berufstätige fahren gerne für ein paar Tage in eine andere Stadt, denn sie möchten sich vom Stress in der Arbeit erholen. / denn sie brauchen eine kleine Pause.

b Große Städte sind für viele Menschen interessant, weil es dort viele Freizeit- und Unterhaltungsmöglichkeiten gibt. / weil man dort viel unternehmen kann.

c Regensburg ist keine große Stadt. Trotzdem kommen immer mehr Besucher. / steigen die Besucherzahlen.

d Für die Städte ist es wichtig, dass viele Touristen kommen. Deshalb rufen manche Städte neue Veranstaltungen ins Leben. / verbessern viele Städte ihr Angebot.

e Hamburg baut ein neues Musical-Theater. Denn man weiß, dass viele Leute gerne Musicals besuchen und deshalb nach Hamburg kommen.

Schritte plus im Beruf

Lösungen

zu Seite 31 bis Seite 32: Eine Stelle finden, aber wie?

1

Stellenanzeigen in Zeitungen, Jobbörsen im Internet, über Beziehungen (Freunde und Verwandte) bzw. das persönliche Netzwerk, „Headhunter" oder Personalvermittlungsbüros, Zeitarbeitsfirmen, Arbeitsagenturen, Blindbewerbungen etc.

3 Zum Beispiel:

a Hanna M. hat einen Informationsdienst abonniert, weil sie bundesweit eine Stelle sucht.

b Katharina H. hat über persönliche Kontakte gesucht, weil sie dachte, dass sie so am leichtesten eine Stelle findet.

c Henri S. hat ein Praktikum gemacht, weil er schon in der Schule gute Erfahrungen damit gemacht hat und gehofft hat, eine feste Stelle zu bekommen.

5

1c; 2e; 3d; 4b; 5a

Schritte plus im Beruf  Lösungen

zu Seite 33 bis Seite 35: Der (richtige?) Weg in die Selbstständigkeit

1 Zum Beispiel:

VORTEILE	NACHTEILE
auf eigene Verantwortung arbeiten mehr Entscheidungsmöglichkeiten haben es ist aufregender in die eigene Tasche arbeiten keinen Chef haben	ein größeres finanzielles Risiko haben kein bezahlter Urlaub oder Krankheitstage Versicherungen muss man selbst bezahlen wenig soziale Absicherung

2 Zum Beispiel:

Menschen mit Migrationshintergrund sind Menschen aus dem Ausland oder Staatsbürger ausländischer Herkunft.
Ein *Existenzgründer* ist jemand, der selbst ein Unternehmen gründet.
Migranten sind Menschen, die nicht in dem Land, in dem sie leben, geboren wurden. Ihre Kinder und Enkelkinder nennt man oft auch „Menschen mit Migrationshintergrund".
Als *Arbeitsmarkt* bezeichnet man die Berufswelt, das Angebot an und die Nachfrage nach Arbeitskräften.
Jemand ist *sein eigener Chef*, wenn er selbst ein Geschäft oder eine Firma und Angestellte hat, für das / die er die Verantwortung trägt.
Wenn man entscheiden kann, ohne andere um Erlaubnis bitten zu müssen, ist man *unabhängig*.
Beratungsstellen sind Einrichtungen, die zu bestimmten Themen Rat und Hilfe bieten.

3

- [F] Eine erfolgreiche Existenzgründung ist nicht nur für den Unternehmer gut, sondern auch für die Leute, die deswegen eine neue Stelle finden.
- [E] Das Internet ist ideal, um einen ersten Überblick zum Thema Selbstständigkeit zu bekommen.
- [A] Manche Menschen realisieren mit der Existenzgründung einen Traum. Für andere ist die Selbstständigkeit eine neue Chance auf dem Arbeitsmarkt.
- [B] Die Zahl der Existenzgründer mit Migrationshintergrund steigt. Sie bewerten die Selbstständigkeit oft sehr positiv.
- [D] Viele neue Firmen müssen bald wieder zumachen. Denn obwohl es viele Beratungsmöglichkeiten gibt, holen sich die Gründer oft nicht die richtige Hilfe.
- [C] Gerade junge Leute mit Migrationshintergrund haben häufig ganz neue Geschäftsideen.

4

a Weil sie keine Stelle finden. / Weil es positiv ist, selbstständig zu sein.
b Im Handel und in der Gastronomie, aber auch in der Dienstleistungsbranche.
c Man kann sich im Internet und in Beratungsstellen Tipps holen.
d Beratungsstellen informieren darüber, welche Finanzierungshilfen es gibt, was man vor der Gründung erledigen sollte, welche Dokumente und Versicherungen nötig sind und welche Steuern gezahlt werden müssen.

Schritte plus im Beruf

Lösungen

zu Seite 36 bis Seite 38: Auf Umwegen zum Ziel: Hilft ein Praktikum, eine Stelle zu finden?

2 Zum Beispiel:

In Deutschland wurden in den letzten Jahren 300000 Stellen mit ehemaligen Praktikanten besetzt. Ein Praktikum kann also dabei helfen, eine Stelle zu finden: Besonders dann, wenn man es richtig macht.

3

a, c, e und g.

4

1 b; 2 c; 3 a; 4 b; 5 a

zu Seite 39 bis Seite 41: Das starke Geschlecht? Warum Männer kürzer leben als Frauen

2

1. Abschnitt:	Frauen leben fast überall auf der Welt länger als Männer.
2. Abschnitt:	Viele Männer werden schon als Kind dazu erzogen, weniger auf ihre Gesundheit zu achten.
3. Abschnitt:	Für Mädchen und Frauen sind Gespräche über Gesundheit und regelmäßige Arztbesuche normal, Männer finden das oft „unmännlich".
4. Abschnitt:	Männer gehen seltener und oft zu spät zum Arzt, weil sie Angst haben, Ärger am Arbeitsplatz zu bekommen.
5. Abschnitt:	Damit Männer sich mehr um ihre Gesundheit kümmern können, bieten manche Ärzte Sprechstunden am Arbeitsplatz an.
6. Abschnitt:	Es gibt bereits Zentren für Männergesundheit, weil man weiß, dass Männer fast genauso alt werden wie Frauen, wenn man sich richtig um ihre Gesundheit kümmert.

5 Zum Beispiel:

Nun, ich vermute, dass das ruhige Leben im Kloster gut für die Gesundheit ist. Mönche haben einen regelmäßigen Tagesablauf, sie bekommen immer zu den gleichen Tageszeiten gesundes Essen. Ich glaube, dass Mönche auf Alkohol und Nikotin (fast) ganz verzichten. Außerdem müssen sie sich nicht immer wieder um die Organisation des Tages und um Geld kümmern. Deshalb haben sie sicher weniger Stress und Sorgen. Ich denke auch, dass ihr Glaube und die regelmäßigen Gebete für innere Ruhe und eine gesunde Seele sorgen. Mönche leben in einer festen Gemeinschaft, auf die sie sich verlassen können. Sie sind mit Menschen zusammen, die dasselbe denken und glauben.

Schritte plus im Beruf — Lösungen

zu Seite 42 bis Seite 45: Leistungsbereit und belastbar: Was bedeuten diese Wörter in Stellenanzeigen eigentlich?

2

belastbar: In diesem Wort steckt *Last* (= ein schweres Gewicht). Die Endung *-bar* heißt *man kann*. Eine Person, die belastbar ist, kann also viel tragen oder – anders ausgedrückt – gut mit Stress umgehen.

teamfähig: Hier stecken die Wörter *Team* und *fähig*. Eine Person, die teamfähig ist, ist in der Lage, im Team zu arbeiten.

kommunikationsfähig: Dieses Wort enthält die Wörter *Kommunikation* und *fähig*. Eine Person, die kommunikationsfähig ist, kann also gut mit anderen Menschen kommunizieren, das heißt: gut mit ihnen umgehen, sie verstehen und sich verständlich machen.

3

Eigenschaft	Was bedeutet das?	Was bedeutet das nicht?
belastbar	den Überblick nicht verlieren; wissen, was wichtig ist; Prioritäten setzen; auch unter Druck zuverlässig und gut arbeiten; damit umgehen können, wenn nichts Aufregendes passiert; Routinearbeiten erledigen	alles gleichzeitig machen können
teamfähig	ein gemeinsames Ziel mit Kollegen haben; sich integrieren können; sich an Absprachen halten; helfen und sich helfen lassen	glauben, dass man wichtiger ist als die anderen; denken, dass nur die eigene Arbeit zum Erfolg geführt hat
kommunikationsfähig	sagen, was man will und verstehen, was andere wollen; die eigenen Wünsche und Vorstellungen verständlich machen und die der anderen verstehen; gut zuhören können; taktvoll sein; Kompromisse machen	viel telefonieren; ständig reden

4

a kommunikationsfähig   b leistungsbereit   c belastbar   d belastbar   e teamfähig

Schritte plus im Beruf

zu Seite 46 bis Seite 47: Aufschwung oder Abschwung: Fachkräfte werden immer gesucht

1

Aufschwung

Abschwung

2

Der Aufschwung: Die Wirtschaft wächst. / Es gibt mehr Aufträge. / Die Zahl der Arbeitslosen nimmt ab. / Die Zahl der offenen Stellen steigt. / Die Firmen machen Gewinne.

Der Abschwung: Die Wirtschaft schrumpft. / Es gibt weniger Aufträge. / Die Zahl der Arbeitslosen nimmt zu. / Die Zahl der offenen Stellen sinkt. / Die Firmen machen Verluste.

3

a	Bei einem Aufschwung haben einige Branchen Personal-Probleme, weil sie nicht genug Fachkräfte finden.	Zeile 5 bis 7
b	Wenn hier mehr qualifizierte Arbeitskräfte aus dem Ausland arbeiten könnten, würde es das Problem des Fachkräfte-Mangels vielleicht nicht geben.	Zeile 9 bis 11
c	Viele Firmen stellen keine Arbeitskräfte aus dem Ausland ein, weil ihnen das zu teuer ist.	Zeile 11 bis 14
d	Damit junge Leute später technische oder naturwissenschaftliche Berufe wählen, müssen sie schon in der Schule Fächer wie Mathematik, Informatik, Naturwissenschaft und Technik haben.	Zeile 15 bis 18
e	Um Mädchen für technische Berufe zu interessieren, gibt es bei vielen Firmen sogenannte „Girls' Days".	Zeile 18 bis 21

Schritte plus im Beruf  Lösungen

zu Seite 48 bis Seite 50: Immer mehr Firmen helfen bei der Lösung sozialer Probleme

3

    A Die Gesellschaft braucht engagierte Unternehmen
    B Tanzen macht selbstbewusst
    C Engagement schafft Arbeitsplätze
    D Engagement steigert Ansehen und Erfolg

4 Zum Beispiel:

    a Viel Zeit und Geld sind nötig, um die vielen gesellschaftlichen Probleme zu lösen.
    b Der Staat kann die gesellschaftlichen Probleme nicht allein lösen. Deshalb ist es wichtig, dass auch Unternehmen gesellschaftliche Verantwortung tragen.
    c In Nürnberg bekommen Hauptschüler Tanzunterricht, damit sie selbstbewusster werden und Eigenschaften üben, die für die Arbeitswelt wichtig sind, z. B. Teamfähigkeit, Zuverlässigkeit und Pünktlichkeit.
    d Ein Unternehmer aus Franken hat sich für mehr Möglichkeiten zur Kinderbetreuung eingesetzt, um seine Firma und die Stadt familienfreundlich zu machen und damit qualifizierte Arbeitskräfte anzuziehen.
    e Soziales Engagement kann auch neue Arbeitsplätze schaffen, denn je mehr Menschen in einem Ort leben, desto mehr andere Geschäfte und Einrichtungen braucht man dort.
    f Viele Menschen finden es gut, wenn Firmen darauf achten, dass sie Waren und Dienstleistungen anbieten, die unter korrekten Arbeitsbedingungen entstanden sind.

5

Geld für einen guten Zweck	spenden
sich für soziales Projekt	einsetzen / engagieren
für eine bessere Zukunft	kämpfen
bei einer Aktion gegen Kinderarmut	mitmachen
eine gute Sache finanziell	unterstützen
einem Verein / einer Organisation	beitreten
etwas für die Gemeinschaft	tun
Verantwortung	übernehmen

Schritte plus im Beruf  Lösungen

zu Seite 51 bis Seite 53: Je bunter, desto besser Mehr Chancen durch *Diversity Management*

1

Eine *Drogeriekette* ist ein großes Drogerieunternehmen, das viele *Filialen* in verschiedenen Städten besitzt.

Menschen mit Migrationshintergrund sind entweder *Migranten* oder die Kinder bzw. Enkelkinder von Migranten.

Unternehmen ist ein anderer Ausdruck für *Firma*. Ein Unternehmen ist meistens eine sehr große Firma mit vielen Mitarbeitern.

Mit der *Belegschaft einer Firma* ist *das Personal* einer Firma gemeint, also alle Mitarbeiter, die in der Firma arbeiten.

2

Absatz 1:   Mitarbeiter und Kunden sollen gut zusammenpassen
Absatz 2:   Was bedeutet *Diversity Management*?
Absatz 3:   Vielfalt macht Firmen erfolgreich
Absatz 4:   Immer weniger Geburten, nicht genug Fachkräfte

3

a Heute finden Frauen, ältere Menschen und Menschen ausländischer Herkunft leichter eine Stelle als früher.   Zeile _1_ bis Zeile _2_

b Manche Ämter suchen Mitarbeiter mit Migrationshintergrund, weil viele ihrer Kunden einen Migrationshintergrund haben und diese so ihrer Meinung nach besser betreut werden können.   Zeile _10_ bis Zeile _14_

c Ein Ziel von *Diversity Management* ist es, unterschiedliche Mitarbeiter einzustellen.   Zeile _19_ bis Zeile _20_

d Menschen, die aus verschiedenen Ländern kommen und nicht gleich alt sind, arbeiten oft sehr erfolgreich zusammen. Firmen haben davon auch wirtschaftliche Vorteile.   Zeile _22_ bis Zeile _26_

e Weil im deutschen Sprachraum immer weniger Kinder geboren werden, wird es bald Probleme auf dem Arbeitsmarkt geben. Schon jetzt sucht man deshalb jede Fachkraft, egal welches Alter, welches Geschlecht oder welche Nationalität sie hat.   Zeile _28_ bis Zeile _32_